W0186453

« RÉPONSES »
Collection dirigée par Sylvie Angel
et Abel Gerschenfeld

DU MÊME AUTEUR

Chez le même éditeur

Le Couple, quatorze définitions décourageantes donc très utiles, 1999.

Aux éditions Privat (Toulouse)

Itinéraire d'une absence, de Groddeck à Balint, l'émergence de la psychosomatique, 1979.

Aux éditions E.S.F.

En collaboration avec J. Godin, Milton H. Erickson, *De l'hypnose clinique à la thérapie stratégique,* 1986.

Traduction avec J. Fleiss de Milton H. Erickson, *L'Hypnose thérapeutique,* 1986.

Codirection avec J.-C. Benoit, *Dictionnaire clinique des thérapies familiales systémiques,* 1988.

La Stratégie en thérapie ou l'hypnose sans hypnose, de Milton H. Erickson, 1988.

Cours d'hypnose clinique, 1990.

Quatorze Leçons de thérapie stratégique, 1992.

Guide du voyageur perdu dans le dédale des relations humaines, 1992.

Comment la thérapie vient au thérapeute, 1996.

Supervision en thérapie systémique, 1999.

Aux éditions Albin Michel

En collaboration avec M. Reynaud, *La Souffrance de l'homme,* 1996.

Aux éditions Village Mondial

Systémique et entreprise, 2000.

JACQUES-ANTOINE MALAREWICZ

REPENSER LE COUPLE

Hommes et femmes :
Comment vivre à deux aujourd'hui ?

ROBERT LAFFONT

© Éditions Robert Laffont, S.A., Paris, 2001
ISBN 2-221-09130-2

Pour Julien, Alexandre et Virgile…

Introduction

Devant moi une jeune femme. Elle a presque quarante ans, mais elle donne le sentiment d'en avoir plus de cinquante. Cette jeune femme est visiblement fatiguée, fatiguée par la vie et les épreuves qu'elle lui a réservées.

Elle vient seule me consulter pour son fils unique qui est âgé de douze ans. Évidemment, l'adolescent n'est pas là. Évidemment, le père est également absent. Ni l'un ni l'autre n'ont accepté de l'accompagner comme j'en avais manifesté le désir lorsque le rendez-vous a été pris. Elle n'a pas été en mesure de les faire changer d'avis ; je ne suis même pas sûr qu'elle ait tenté de le faire. Il y a bien longtemps qu'elle se sent incapable de leur demander quoi que ce soit à l'un comme à l'autre ! C'est ce qu'elle m'avait de toute façon annoncé au téléphone. Les choses étaient d'emblée tout à fait claires, trop claires…

Elle me raconte donc son histoire. Je la place ici en exergue car elle est, à bien des égards, exemplaire de ce qu'il est bien plus facile de voir des femmes que des hommes, des enfants que des adultes, en certains endroits, notamment dans les cabinets des psychothérapeutes. Il ne s'agit pour elle que des faits, tels qu'elle les rapporte, dans leur froideur et, dans une certaine mesure, dans leur absurdité. Elle donne le sentiment de vivre tout cela submergée par une fatalité et même, à certains moments, comme un chapelet d'évidences, comme si elle était elle-même habituée à ce genre de récits qu'elle entend peut-être fréquemment autour d'elle. Il est plus que probable que certaines de ses amies se retrouvent dans la même situation.

Cette femme — je l'appellerai Mireille — a donc un fils. Elle est séparée du père de ce dernier depuis environ cinq ans, mais aucune procédure de divorce n'a été mise en route par l'un ou l'autre. Elle m'explique longuement que cet homme vit avec son amie qui est actuellement enceinte de lui. Sans en être tout à fait sûre, elle pense qu'il a déjà eu une petite fille, actuellement âgée de trois ans, avec une autre femme. Il est au chômage et se bat dans d'interminables procédures avec un ancien employeur, au sujet d'un accident du travail, pour tenter d'obtenir des indemnités. Je ne suis pas surpris d'apprendre qu'il ne lui a jamais payé de pension alimentaire, ni apporté aucune aide de quelque ordre que ce soit. Voilà pour le père, ou plutôt le géniteur ; le reste est du même ordre.

Mireille a deux frères plus jeunes qu'elle. Le premier a divorcé et n'a plus donné de ses nouvelles depuis trois ans ; le second tente de construire, avec plus de heurts que de bonheur, une relation homosexuelle avec un homme marié et père de deux enfants. Leur père s'est suicidé il y a quinze ans de cela, lors d'un de ses nombreux épisodes d'alcoolisation aiguë, dans des conditions restées obscures et inexpliquées. Sa mère vit avec elle et l'aide dans son quotidien.

Quant au fils, Gérard, le sujet officiel de cette consultation, il présente toutes les caractéristiques qui peuvent lui permettre de s'installer dans la délinquance malheureusement la plus banale. C'est pour cela qu'elle vient me voir, sans trop savoir ce qu'elle peut effectivement attendre d'une telle démarche. Peut-être, probablement même, l'idée qu'un psychothérapeute homme pourra mieux répondre à son attente et à son espérance de figure masculine et paternelle, comme on dit lorsqu'on parle le « psy ».

On m'objectera très facilement que cette histoire, telle que je la rapporte, n'est pas seulement décourageante mais surtout caricaturale. Elle semble rassembler la gamme complète des défections, des faiblesses et des dérobements masculins. Elle est pourtant vraie. Elle résonne même facilement avec de très nombreux autres récits du même acabit que j'ai l'occasion d'entendre au cours de nombreuses consultations et dont je donnerai d'autres exemples. Des hommes, absents du cabinet de consultation, voisinent, si j'ose dire, avec des suicides ou des abandons, avec les petites lâchetés du quotidien ou, plus gravement, avec des disparitions totales.

J'ai d'abord éprouvé une certaine colère, premièrement en tant qu'homme et ensuite en tant que psychothérapeute. Laissons l'homme de côté, il n'est pas le plus important ici. Le psychothérapeute que je suis a fréquemment l'impression de vivre au milieu d'un monde de femmes que les hommes ont, pour le moins, déserté ou, pis, abandonné. C'est pour cela que je me suis longtemps posé la question du devenir de ces hommes, de ces pères, de ces époux. Avec la réflexion, le temps et l'expérience, d'autres prises de position se sont imposées.

Il fallait, en fait, également se poser des questions, d'autres questions, à propos des femmes. Il fallait équilibrer le balancier pour ne pas en faire « simplement » une affaire d'homme mais surtout et même, avant tout, une affaire de couple. J'en suis donc arrivé à la conclusion suivante : en même temps que les hommes sont trop souvent absents, les femmes sont trop fréquemment « présentes » et d'une manière qui, probablement, déséquilibre également les rôles de chacun, tels qu'ils sont « classiquement » définis.

Dès lors, il me semble impossible d'aborder ces situations en stigmatisant ces hommes et en les accusant. Du point de vue de la psychothérapie, cela n'aboutit à rien sinon à les faire fuir encore plus vite... lorsqu'ils se présentent éventuellement devant moi. Et ils ont bien raison ! Les hommes ne sont donc pas les seuls absents ; les femmes le sont tout autant, mais d'une autre façon. Autrement dit, c'est le couple qui a changé, pour le moins le modèle de couple qui s'est imposé depuis environ deux siècles et que les générations nées avant 1960 considèrent comme étant « normal ».

Ce qui constitue la nature des liens, dans le couple, subit probablement une profonde mutation. Les conséquences sont bien plus apparentes pour l'homme que pour la femme. Il est par ailleurs plus facile de condamner l'absent et donc de plaindre la présente que de renvoyer dos à dos l'une et l'autre comme étant les acteurs d'une même logique qui, à bien des égards, les dépasse souvent. Selon moi, le véritable absent, dans cette histoire, est donc le lien de couple. Ce lien a tout simplement disparu ; il a même disparu de nouveau. Je m'en expliquerai. Il en résulte que la femme donne le sentiment de « tout » porter alors que l'homme fait figure de déserteur.

Un cabinet de psychothérapeute ne représente qu'un infime reflet de ce qu'est actuellement notre société. Un reflet facilement déformé par la souffrance, la fatalité, l'incompréhension, le poids des habitudes ou les problèmes sociaux. Par définition, le psychothérapeute ne rencontre que des situations de souffrance, avec tout ce que cela suppose de réducteur et même de caricatural. Il ne s'agit pas ici, pour moi, de prétendre apporter une vision globale — qui ne peut être que partiale — de l'évolution récente des relations entre la femme et l'homme. Mon ambition plus limitée est de mieux cerner ce qui se joue dans le cadre de certains couples et de certaines familles, ceux et celles que j'ai l'occasion de rencontrer dans mon travail. L'homme, le mâle, semble éprouver parfois une difficulté certaine à trouver une place qui soit autre que celle de l'absent. La femme semble alors être la victime de ces lâches qui ne pensent qu'à se réaliser dans le travail ou dans le nomadisme sexuel.

On conviendra, bien sûr, que cette absence n'est pas satisfaisante et qu'elle déséquilibre ces couples, et en particulier ces familles, car le problème concerne d'abord et avant tout les enfants. Alors que, dans certains cas, la femme semble s'accommoder de l'absence d'un homme, il me paraît difficile de soutenir que l'enfant peut s'en arranger facilement. Il est bien évident que l'enfant a besoin de cette différence et de cette complémentarité entre deux adultes, entre deux images. Il est des femmes, venant seules avec leur enfant, généralement un fils, qui annoncent tout de go au thérapeute qu'elles attendent de lui qu'il joue un rôle de père pour leur enfant !

Ainsi, depuis quelques décennies, l'homme (*vir* par opposition à *homo*) devient singulier en ce qu'il tend à ne plus représenter, à lui seul, le genre humain. Il a perdu la place prépondérante qu'il s'était lui-même attribuée. Tous les pouvoirs s'en émeuvent, surtout l'Église et l'État qui y voient, dans une belle harmonie, la remise en question et la faillite concomitantes de leur propre pouvoir. La contestation de la fameuse cellule sociale que constitue la famille nucléaire n'est pas sans conséquences sur le fonctionnement d'organisations plus vastes. C'est donc d'abord et avant tout de la faillite d'un pouvoir dont il s'agit de comprendre les mécanismes. Cependant, le pouvoir ne disparaît pas, il se redistribue ; il prend d'autres formes et d'autres logiques. Il se métamorphose et change d'aspect en même temps qu'il donne le sentiment, souvent trompeur, d'être en crise.

Une grande partie des sciences humaines tourne autour de la répartition du pouvoir dans toutes les formes d'organisation de la vie individuelle, sociale et politique. Par exemple, la psychanalyse a cherché à explorer et à expliquer cette crise de la masculinité. Freud s'est rapidement trouvé confronté à cette angoissante question, ses successeurs encore davantage. Sous la plume de Jacques Lacan cela s'appelle, par exemple, la forclusion du nom du père. Les sociologues interrogent les statistiques des mariages et des divorces ; ils cherchent à évaluer les répercussions du travail féminin, du chômage, et insistent sur l'émergence récente de nouveaux pouvoirs. Les anthropologues ne manquent pas de rappeler la variété des modes de relations entre hommes et femmes. Ils remettent en question l'ethnocentrisme occidental qui cherche à imposer comme une évidence le modèle familial qu'il a hérité de son histoire. On redécouvre, par exemple, l'existence d'un groupe humain, aux confins de la Chine, où l'homme n'a strictement aucune place dans les liens de filiation, à tel point que le mot « père » n'y existe pas. Les enfants vivent dans la famille de leur mère et les seuls liens « affectifs » entre l'homme et la femme se déroulent au cours de ce qu'on appelle des rencontres furtives, pour ne pas dire virtuelles !

Il est donc possible de penser que, dans ce domaine, les tabous tombent les uns après les autres. Notre modèle conjugal et familial est loin d'être universel ; il en existe bien d'autres que celui que l'Occident tente d'imposer au monde depuis la première mondialisation, au XVIe siècle, dans le sillage des grandes découvertes. Il est même probable que nous nous dirigeons vers de nouvelles formes de liens qui ne sont pas seulement « expérimentées » par quelques marginaux mais qui exigeront d'être reconnues au même titre que d'autres. Tout a une histoire, donc un commencement et une fin, même et surtout ce qui nous semble être le plus intime.

Pour tenter de mieux comprendre ces situations, une première constatation s'impose : le décor a changé. Des repères ont disparu et se sont évanouis, sans qu'ils aient été nécessairement remplacés ou sans que de nouveaux nous soient nécessairement apparus. Ce décor et ces repères concernent toutes les dimensions de notre société, aussi bien la justice que la médecine, nos contraintes économiques que nos valeurs spirituelles. On ne peut dissocier ces éléments car ils participent d'un même ensemble qui nous englobe et nous détermine, qu'on le veuille ou non.

Nous verrons ensuite, plus précisément, ce que peut signifier cette évolution récente des relations entre l'homme et la femme pour le thérapeute de couple et pour le thérapeute familial. Comme toute situation de souffrance se construit dans la connivence de ceux et de celles qu'elle concerne, l'homme, tout autant que la femme, participe à cette logique. Certaines règles de construction de la souffrance devront être précisées.

Ceci posé, nous en viendrons à une définition possible d'un modèle d'homme et de femme qui, me semble t-il, ont tendance à se compléter pour construire ensemble ces nouvelles formes de couples.

Pour l'homme, l'image de l'ordinateur se réfère à ce qui modèle de plus en plus le fonctionnement de notre société, donc nos manières de penser et d'interagir. Il n'est pas absurde d'envisager que cet outil « pollue » nos manières d'être d'autant plus efficacement que nous manquons de recul pour en évaluer les conséquences. Je prends donc la liberté d'en faire l'hypothèse pour mieux tenter d'en prévenir les effets dans l'intimité de nos relations affectives.

Pour la femme, le mythe — beaucoup plus « chrétien » que « judéo » — de la mère-vierge universelle me semble rejoindre actuellement une réalité nouvelle. Nous verrons que les progrès de la biologie en même temps que des avancées socio-économiques facilitent grandement cette résurgence. Le mythe nous façonne — façonne nos compagnes — là aussi avec d'autant plus d'efficacité que, dans nos sociétés, une bonne partie de notre identité se joue dans la filiation et donc dans la sexualité.

Le thérapeute de couple n'a donc pas, me semble-t-il, à faire revenir l'homme absent pour réconforter la femme abandonnée. Il ne ferait alors que prendre en compte une seule partie de la logique disjonctive qui s'est développée dans ces couples. Il se trouve devant une tâche bien plus « équilibrée » en même temps que plus ambitieuse. Le seul véritable absent, c'est donc le lien, pour lequel chacun des deux protagonistes doit apporter sa contribution et surtout sa résolution. Je fais donc l'hypothèse, radicalement simplifiée dans cette introduction, que les liens conjugaux tendent à disparaître pour se jouer, pour l'un et l'autre, en dehors du couple, dans la réussite sociale pour l'homme et dans certaines formes de maternité et de maternage pour la femme.

Dans cette reconstruction, les seules limites auxquelles le thérapeute doit faire face sont la force des évolutions socioculturelles et les profonds bouleversements éthiques que les biologistes, au moins certains d'entre eux, vont nous obliger à affronter dans les décennies à venir. En ce sens, est-il possible de parler d'un combat d'arrière-garde ? Qui peut vraiment décider de la validité de cette démarche ?

Je ne prétends pas ici poser comme une règle évidente ce qui n'est que le résultat de constatations et de modélisations faites par des thérapeutes de couple. Encore une fois, toutes ces souffrances, même banalisées par les séparations et les divorces, ne représentent qu'une des facettes de notre société. Je prends simplement le risque de présenter, au-delà des murs d'un cabinet médical, des outils de compréhension et d'intervention. Cependant, un psychothérapeute, et peut être surtout un thérapeute de couple, a besoin de points de repère pour se donner un peu mieux le droit de penser et donc d'agir face à ces détresses conjugales, face à ces océans d'incompréhension qui en arrivent à séparer des personnes qui ont su jusque-là partager une si grande intimité.

Enfin, dernière précision, au fil de certains chapitres j'ai pensé utile de rapporter, avec toutes les imperfections qu'apporte la nécessaire concision, des histoires de couples en souffrance. Ils m'ont été présents à l'esprit, de façon inévitable, tout au long de la rédaction de cet ouvrage. Ces récits peuvent souvent paraître, je ne peux que le reconnaître, aussi caricaturaux que celui de Mireille.

1

Le décor a bien changé

Comment appréhender l'évolution des relations dans le couple et dans la famille ? Comment aborder ce qui n'est pas loin d'être un vide ? Comme dans un théâtre d'ombres, les limites du décor et des personnages se sont progressivement effacées : les costumes ne sont plus discernables les uns des autres, ils ne différencient plus aussi clairement les acteurs. L'éclairage s'est atténué, insensiblement, jusqu'à ce que le scénario soit devenu difficilement déchiffrable. Nous sommes à l'entracte, dans le meilleur des cas, là où il est encore possible de réfléchir sur le sens de la pièce pour tenter d'en anticiper au moins la chute et, si possible, la morale.

Quels sont ces changements qui se sont insensiblement installés dans notre environnement, jusqu'à pénétrer dans la chaleur de nos logis et dans l'intimité de nos relations les plus personnelles ?

La médiatisation des liens

Chacun de nous vit actuellement au centre d'une constellation relationnelle dont il ne connaît pas toujours les limites et encore moins les règles du jeu. La conséquence en est que la forme s'est imposée au détriment du contenu : « Ce que je montre de mon être importe autant et même plus que ce que je suis effectivement. » Cette émergence de la forme, et donc de la communication, est marquée par la médiatisation du lien, c'est-à-dire la nécessité de recourir à un tiers pour en manifester les qualités ou, parfois et même de plus en plus souvent, l'absence de qualités. La forme impose le miroir et le miroir décide de la forme.

C'est le média, pour ne pas dire le médium, qui donne la reconnaissance et par-là même l'identité. On se montre, même pour ne rien dire, donc on existe. Tout se passe comme si ce qui constitue l'identité, à savoir la possibilité de reconnaissance, trouvait son origine bien plus dans l'apparence que dans l'intériorité de la personne.

Cette constellation relationnelle comporte plusieurs planètes dont, par exemple, la planète politique, le cadre professionnel avec les diverses formes de management, les instruments de diffusion de l'information et, bien sûr, la famille et le couple. Tous ces champs deviennent relationnels avant d'être existentiels.

Ainsi, les hommes politiques ont appris à uniformiser leurs discours. Poussés par les journalistes et l'expérience des sondages qu'ils guettent chaque matin, ils en arrivent à croire que le plus important est l'apparence de ce discours plutôt que son contenu. Ils soignent leur image, fomentent des coups médiatiques et s'inquiètent davantage du moment où ils vont intervenir que de ce qu'ils vont dire.

Les dirigeants d'entreprise cherchent à se vendre autant que leurs produits. Ils croient volontiers, ou feignent de croire, que leur photographie — qui n'est pas toujours de bonne facture — apportera une plus-value déterminante dans une campagne de publicité. Il s'agit d'être souriant, avenant et rassurant. Il s'agit d'être proche de la clientèle. Mais leur autosatisfaction manifeste ne fait que nourrir le trombinoscope des vanités.

Les « marques » portent dans leur nom davantage de qualités que le produit en soi. Cette croyance qu'on cherche à faire partager, notamment aux adolescents, permet d'engranger de substantiels profits. Tout cela incite à penser que le consommateur, sous toutes ses formes, s'attache davantage à une image qu'à ce qu'elle recouvre. Nous sommes donc bien évidemment en danger de surdose d'informations d'autant plus inutiles, voire dangereuses, qu'elles sont fréquemment prédigérées et orientées.

Enfin, le couple et la famille sont devenus des enjeux relationnels qui n'échappent plus à une exigence de qualité que les femmes, dans la grande majorité des cas, revendiquent bien plus que les hommes. Voilà l'origine de tant de surprises et de tant de déconvenues : elles veulent que « ça marche » ! Non seulement elles veulent que « ça marche » mais en plus elles mettent dans la balance le devenir du couple et dans les solutions possibles l'éventualité d'un recours au thérapeute. Le fonctionnement du couple et de la famille ne se réfère plus simplement à la reconduction d'un modèle culturel, de valeurs ancestrales ou d'un même lopin de terre. Le couple existe maintenant en soi, pour soi. Il est devenu une valeur qui cherche à se conforter elle-même.

Il s'agit, de façon immédiate et simple, de bien vivre et d'être heureux ! Voilà en effet quelque chose de nouveau et de surprenant. Ces exigences inédites ont créé un nouveau vocabulaire que les revues féminines, et maintenant masculines, se sont empressées de diffuser. Il s'agit d'être bien ensemble : la qualité relationnelle est devenue une priorité. Cette priorité s'impose elle-même dans un contexte général de baisse du seuil de perception de la douleur et donc d'une augmentation du seuil de perception du plaisir. Nous allons bientôt y revenir.

Les « psys » de tout poil n'ont pas manqué de répondre à ces demandes nouvelles. Ils profitent largement du fait que, dans le domaine de plus en plus médiatisé de la souffrance humaine, l'offre crée facilement la demande. Les liens, leur constitution et surtout leur bonification envahissent nos préoccupations et nos occupations. Nous sommes entrés dans une société du « tout-communication » où il n'est possible d'exister que dans le souci manifesté, revendiqué et sans cesse renouvelé, d'être en relation avec les autres. Une nouvelle religion est née, avec ses croyances, ses dogmes et ses grands prêtres, plus ou moins gourous et/ou plus ou moins « psy ».

Ces derniers sont à la fois les victimes et les ordonnateurs de cette organisation générale où chaque phénomène sociologique est passé au crible de l'analyse relationnelle, voire psychiatrique. Comme tout peut dès lors être explicable, tout est compréhensible jusqu'à ce que le moindre jugement — non pas au sens judiciaire mais éthique — devienne impossible. Le rayon « Psychologie » des librairies a été envahi et quelquefois remplacé par le rayon « Communication » ou, pire encore, par les nombreux livres prétendant aider le lecteur à mieux assurer son « développement personnel ». Ces termes relèvent d'une imposture manifeste : bien évidemment, ce développement ne peut se résumer à quelques recettes ; de plus, cette « idéologie » donne l'illusion d'un bonheur qui ne peut être qu'individuel, extrême-oriental et gouroutisé. La psychologie est morte, vive la communication !

L'identité entre fusion et différence

À un niveau bien plus large, notre monde hésite entre d'une part la mondialisation et d'autre part la tribalisation. Nous ne savons plus s'il est préférable de se fondre dans un même creuset pour enfin toucher au rêve d'universalité que nous a proposé le XVIIIe siècle, ou de revendiquer les particularismes locaux ou loco-régionaux sur lesquels pourraient se construire autant de différences que de groupes qui revendiqueraient une existence à dimension humaine. Où suis-je, entre Internet et l'espace de mon quartier ? Quelle est la meilleure langue pour communiquer avec les autres ? Quel est l'étendue de mon territoire ? Comment apprendre toutes ces différences avec lesquelles je ne peux éviter d'être en contact ? Le monde est-il village ou le village est-il mondial ? Ce sont là des questions nouvelles : nos enfants et nos petits-enfants ont et auront à y répondre.

Comme pour beaucoup d'éléments qui constituent ce qu'on appelle généralement une culture, les places relatives de l'homme et de la femme se trouvent prises dans une tourmente qui mêle étroitement indifférenciation et opposition. Ici, comme ailleurs, tout s'est accéléré, notamment pour les enfants, dans la succession des choix de vie que leurs parents ne manquent pas d'expérimenter. Pour eux, la question de l'identité se pose d'abord et avant tout en termes d'appartenance, mais sous une forme tout à fait nouvelle. En effet, il est de plus en plus facile d'oublier qu'on peut appartenir à un couple alors qu'il est de plus en plus difficile d'avoir le sentiment d'appartenir à une famille.

Comme une réponse, la résurgence des fonctionnements claniques offre à l'individu la possibilité de s'intégrer à un groupe sans que des liens contractuels ou filiaux, comme dans le couple ou la famille, ne viennent complexifier le jeu relationnel. Les liens claniques sont bien plus souples ; ils se construisent sur des intérêts communs ou des activités partagées ; ils sont avant tout fonctionnels et se renforcent par le partage de l'expérience et une convivialité centrée sur l'agir, ce qui est le meilleur antidote contre le stress. Le clan ordonne les liens sociaux plutôt qu'intimes, il n'est pas encore soumis à des contraintes administratives ou financières. Il échappe pour l'instant à la régulation de l'État qui ne peut généralement s'empêcher d'organiser toute forme de lien et toute forme de sociabilité en les considérant, selon la fameuse métaphore, comme une cellule sociale qu'il s'agit de connaître et de domestiquer pour en réguler le développement. Le clan est encore marginal, mais pour combien de temps ?

Le seuil de la sensation de douleur

Notre société se caractérise, lorsqu'on la compare à ce que vivaient nos grands-parents et arrière-grands-parents, par une baisse du seuil de la sensation de douleur et, par conséquent, une augmentation du seuil de la sensation de plaisir. Autrement dit, nous souffrons plus facilement et plus fréquemment alors que le plaisir nous est bien plus difficilement accessible.

La douleur est devenue plus proche et plus immédiate. Il s'agit tout autant de la douleur physique que de la douleur psychologique, appelée parfois douleur morale selon une terminologie héritée du XIXe siècle. Ainsi, par exemple, des études ont démontré que pour un même type de souffrance les doses d'acide acétylsalicylique — d'aspirine — actuellement ingérées sont sensiblement plus importantes qu'il y a un demi-siècle.

Les enfants n'apprennent plus la douleur physique comme ils pouvaient l'apprendre dans une société rurale. Quant à la douleur morale, qu'elle prenne l'aspect de la frustration, du besoin de réparation ou de reconnaissance, elle s'impose dans tous les domaines de l'existence. Une judiciarisation galopante des relations sociales risque de nous transformer tous en plaideurs chroniques car ce mouvement facilite grandement ces mécanismes de revendication où la plainte garantit à celui qui la pose un lien social à première vue gratifiant.

Dans cette généralisation de la souffrance, la fatalité et même le hasard en sont réduits à leur plus simple expression, proche de l'extinction. En effet, ce sont là des catégories mentales en voie de disparition, parce que dans notre société il est devenu impossible, voire insupportable, de s'y confronter. Toute violence, toute souffrance appelle la désignation d'un coupable clairement identifiable. Ici aussi la collectivité s'efface pour voir se focaliser la responsabilité sur un individu qui n'est pas loin de jouer, bien souvent et bien évidemment, un rôle de bouc émissaire.

Les plaignants, les avocats, les juges et les médias unissent leurs efforts pour personnaliser la faute et surtout décider d'une punition qui se doit d'être exemplaire, à la hauteur des responsabilités du fauteur de troubles. L'injustice et le sentiment d'injustice sont omniprésents, exacerbés par une sensibilité extrême à la douleur. Une logique paradoxale fait que cette omniprésence risque d'imposer et de nourrir, en retour, une nouvelle dictature de l'injustice et de la souffrance, non moins injuste et non moins violente.

Ainsi, par exemple, dans cette logique de la plainte, certaines maladies sont elles-mêmes réputées souffrir. Ces quelques syndromes inconnus du grand public, trop rares pour avoir reçu un nom commun et que quelques chercheurs obstinés ont réussi à identifier en leur attribuant leur propre patronyme, ont collectivement reçu comme appellation celle de « maladies orphelines ». Il faut savoir montrer une solide patience et utiliser de bons moteurs de recherche pour en retrouver les traces sur Internet. Ceci montre que pour être une maladie heureuse et éviter la souffrance, il ne faut surtout pas être confidentielle !

Cette banalisation de la douleur se cristallise essentiellement autour de deux phénomènes qui sont, comme nous allons le voir, exactement opposés : la victimisation et la survivance.

La victime, qui n'est pas loin d'être professionnelle, n'a de cesse de rechercher le bouc émissaire, c'est-à-dire la personne lui permettant de se déresponsabiliser. Cette victime est à la fois partie et juge de sa propre souffrance ; elle ne s'y sent pas impliquée sauf à en vivre les conséquences. Elle se nourrit de cette souffrance à elle appliquée pour mieux rejeter sur l'autre, quel qu'il soit, les causes des injustices qui ne peuvent manquer de se manifester au quotidien. La victime est toute-puissante, car elle réussit à évacuer la question de la volonté, dont à l'évidence elle ne manque pas, sans jamais avoir le temps de s'exercer. Elle n'est ni coupable ni responsable, mais elle donne aux autres la possibilité de se sentir, s'ils le souhaitent et l'acceptent, coupables et éventuellement responsables.

La victime organise insensiblement son propre rejet en interprétant, dans le sens qui lui convient, les ambiguïtés qui se manifestent d'une façon ou d'une autre dans toute relation et dans tout contexte. Cette victime impose à l'autre un rôle de bourreau, souvent difficile à refuser. C'est ainsi que se constitue et se perpétue un lien de bourreau-victime — certains diraient un lien sado-masochiste — où l'emprise du premier sur le second n'est pas toujours la plus discutable sur un plan moral. Il existe un véritable pouvoir dans cette victimisation constante : le pouvoir de celui qui est en mesure de définir la relation avec l'autre, généralement sous la forme suivante : « Je décide que tu es mon bourreau ! »

Le second phénomène est la survivance. Quelques semaines de séjour en Amérique du Nord permettent de mieux appréhender ce mécanisme. En effet, un terme s'impose de plus en plus de l'autre côté de l'Atlantique : celui de *survival*, c'est-à-dire « survie ». On y rencontre fréquemment des survivants qui revendiquent cet état d'une façon ou d'une autre, pourvu que le regard des autres leur soit renvoyé. Selon cette logique, il convient, pour mieux exister, d'avoir survécu à quelque chose ou à quelqu'un. J'existe parce que j'ai survécu : en dehors de cette presque victimisation je ne suis rien. Que l'on soit violeur, abuseur, extraterrestre ou tout simplement proche ou voisin, l'autre est dangereux — ou potentiellement dangereux. Cela justifie non seulement la méfiance mais également la judiciarisation et la recherche de réparation.

Nous sommes ici à l'opposé de la victimisation : c'est l'autre qui est coupable et surtout qui doit payer, car je n'existe que lorsque l'autre a répondu de sa faute. Le survivant est survivant parce qu'il a réussi à stigmatiser, c'est-à-dire à faire une victime. Par exemple, lorsqu'un enfant malformé porte plainte contre sa mère pour n'avoir pas avorté lorsqu'elle était enceinte de lui, et que sa plainte est acceptée par les tribunaux qui lui donnent raison, nous sommes pleinement dans cette logique. L'enfant-victime trouve un coupable et la fait payer ; il en vient à exister grâce à cette réparation. Il a donc survécu à un avortement qui lui permet de vivre ! À l'évidence, toute la société participe à ce retournement, car cette société croit, tout simplement, que l'homme peut être parfait, à savoir sans aucune douleur.

Les laboratoires de biotechnologie ne peuvent qu'applaudir des deux mains en prenant connaissance de tels jugements. Cela leur permet de s'engager davantage dans les recherches et les expérimentations concernant le clonage humain ou le dépistage des risques chromosomiques. Il s'agit de tout contrôler. La reproduction « à la carte » évitera d'abord toutes ces mauvaises surprises et tous ces désagréments avant de permettre de choisir les qualités désirées du futur enfant. L'homme parfait ne peut qu'être construit sur cette croyance en une perfection possible et la perfection est avant tout absence de souffrance.

Qu'il en soit la victime ou l'instigateur, l'être humain place ainsi la douleur au centre de ses liens sociaux et familiaux. Plus elle est niée, plus elle prend de l'importance, car elle n'est plus « simplement » liée à la fatalité ou à la malchance. Pis encore, elle devient l'objet d'un marchandage, même et surtout d'un point de vue monétaire, ce qui lui donne une valeur d'échange qu'elle n'avait pas auparavant. La douleur n'est plus religieuse ou spirituelle, elle est financière et monnayable.

Le seuil de la sensation de plaisir

En miroir de cette logique où la douleur ne peut qu'être présente, le confort et le plaisir se raréfient dans tous les domaines de notre existence. Comme dans un mécanisme de vases communicants : plus la douleur est facilement ressentie, plus le plaisir est inaccessible. Le seuil d'apparition de l'un baisse alors que celui de l'autre augmente dans les mêmes proportions. Non seulement le plaisir et la douleur s'excluent, mais ils ont de plus en plus tendance à s'éloigner l'un de l'autre.

Cette « mécanique » s'applique aux liens conjugaux et familiaux. Il est de plus en plus facile de s'échapper d'un couple parce qu'on y trouve de plus en plus difficilement la satisfaction qu'on s'estime en droit d'en attendre. Comme le plaisir va de soi, son absence condamne rapidement le contexte dans lequel il devrait survenir. Dans nos esprits contemporains se sont sournoisement glissées l'idée et même la certitude qu'un couple doit « marcher[1] » aussi bien qu'une voiture, une machine à laver ou un magnétoscope. On ne voit pas pourquoi le progrès matériel et technologique ne s'appliquerait pas dans nos relations, comme il le fait dans les objets que nous côtoyons. Notre exigence d'efficacité s'applique à des domaines de plus en plus nombreux : tout doit pouvoir être prévisible.

Il me semble que les hommes, bien plus que les femmes, s'échappent plus facilement du couple pour cette même raison : pour mieux tenter de trouver dans leur travail et leur vie professionnelle l'efficacité et, si possible, la reconnaissance qu'ils ne trouvent pas avec leur moitié. De leur côté, les femmes ont tendance à rechercher dans leur fonction de mère cette même efficacité et cette même reconnaissance. Dans l'un et l'autre cas, chacun peut avoir le sentiment d'être plus

---

1. Le vocabulaire que peuvent employer certains professionnels de la communication trahit d'ailleurs cette dérive mécaniste de l'approche des individus ; ils parlent non seulement de « marche » mais également de « fonctionnement », de « dysfonctionnement » ou de « machinerie ».

immédiatement responsable de la valeur des résultats espérés. Le couple proprement dit déçoit — rapidement et facilement.

Le seuil du sentiment de frustration s'est donc abaissé jusqu'à rendre fragile le lien conjugal, en même temps que la famille est devenue, ou reste, une valeur essentielle dans notre société. Tout se passe comme s'il n'existait pas nécessairement de lien entre ces deux modes de vie, comme si le couple n'était pas nécessairement à l'origine de la famille. On ne peut avoir l'un sans l'autre. Le plaisir de la famille paraît plus accessible que celui du couple. Il semble « aller de soi » à partir du moment où les enfants sont présents, dans l'anonymat que permet peut-être le grand nombre. Le plaisir du couple — ou dans le couple — suppose la constante confrontation entre deux personnes, ce qui nécessite, bien évidemment, une véritable présence et des efforts permanents.

La tertiarisation des activités économiques fait qu'on ne fabrique plus des objets mais des relations, c'est-à-dire des services. Parmi ces services, la réparation prend une place de plus en plus importante. Nous sommes entrés dans une société de « réparateurs », et même de « réparateurs de réparateurs ». De plus en plus d'« actifs » corrigent les imperfections et les problèmes d'autres « actifs » jusqu'au terme théorique d'une vie parfaite où toute chose et tout être ne rencontreront plus aucune difficulté. La possibilité de réparation renforce, souvent artificiellement, ce sentiment d'efficacité avec le risque de déresponsabilisation concomitant. L'existence d'un « service après-vente », qui ne peut être lui-même que très efficace, donne le sentiment confortable que toute erreur de parcours ou de manipulation est rattrapable.

La question de l'individualisme

C'est devenu un lieu commun que de dénoncer un individualisme qui se serait banalisé, et ce d'autant plus facilement qu'il est très immédiatement assimilé à l'égoïsme et au repli sur soi. L'affirmation de la prépondérance de l'individu correspondrait à une revendication de plaisir et à une fuite devant toute forme de souffrance et de frustration, dans la logique de ce qui a été décrit précédemment.

Pourtant, il me semble que l'individualisme est une valeur qui, loin d'être largement répandue est, tout au contraire, en perte de vitesse. Cette prolifération des liens que je viens de décrire montre que le risque que chacun pourrait connaître de s'individualiser disparaît au bénéfice de la prévalence de ces liens. Il est même possible de considérer que l'individu disparaît non seulement sous les liens, mais également sous les nombreuses informations que ceux-ci lui procurent.

Les jardins secrets sont envahis par une marée médiatique, c'est-à-dire par l'impérieuse nécessité de tout dire, de tout partager, de tout expliquer. Nous sommes constamment invités à nous médiatiser, à parler de nous, à partager nos états d'âme. Les autres eux-mêmes nous envahissent, constamment. Ainsi, par exemple, il n'est pas rare qu'aux tout premiers moments d'un couple, à l'heure où tout paraît encore possible, l'un et l'autre éprouvent le besoin de quémander et d'obtenir la promesse, dès lors mutuelle, que tout sera dit, que rien ne sera caché et clandestin. Ce sont là des couples qui se forment sur une illusion, l'illusion de la simplicité et de la fluidité. Ils feignent de croire qu'une relation affective peut être débarrassée de tout risque en instituant l'obligation d'une ouverture et d'une transparence totales, comme s'il suffisait de parler, de tout dire, pour enfermer la complexité d'une relation dans la réalité trompeuse des mots et des explications.

Dans notre monde, l'ennui et la solitude sont devenus très difficiles à vivre ou même à expérimenter. Ce sont là des « activités » qu'il ne convient pas de montrer. L'un et l'autre paraissent des pertes de temps, ce qui n'est pas loin d'être provocant pour certains. L'ennui paraît impossible tant les possibilités de loisirs se sont multipliées dans toutes les directions et pour chaque forme d'activité. Le temps se doit d'être rempli, il l'est même très fréquemment. Les parents, et surtout les mères, se transforment en chauffeurs de taxi chaque mercredi et chaque fin de semaine pour transporter leurs enfants entre les cours de tennis, d'escrime, de judo, de solfège ou de théâtre. Ces enfants n'apprennent pas l'ennui, ils en ignorent les subtilités et les étranges recoins. Ils se remplissent d'activités comme ils se gavent de friandises et ignorent la frustration que procure le vide apparent. Ils ne savent plus rester en leur propre compagnie.

Il en va de même pour toute activité solitaire, suspecte comme le plaisir auquel s'adjoint le même qualificatif ; elle est pour le moins mal comprise et mal acceptée. Certains prétendent même qu'elle n'existe pas. Être seul est devenu une punition, voire synonyme de folie plus ou moins douce. Les autres supportent mal le solitaire, ils s'empressent de l'entourer et de lui procurer une présence qui est volontiers présentée comme étant salvatrice. Le solitaire dérange car il renvoie chacun à sa propre solitude, par-delà l'apparence des relations.

Il est devenu plus fréquent d'être « comme » l'autre que « contre » l'autre. C'est ce mimétisme qui tue l'individualité, car il est plus difficile d'être différent quand on est facilement tenté de ressembler à ceux qui nous semblent être des modèles. Jusqu'au milieu des années soixante-dix, les jeunes cherchaient à s'éloigner aussi rapidement que possible de leurs parents. Ils voulaient être différents d'eux. Actuellement, ils s'accrochent au domicile parental à un point tel qu'il n'est pas rare que les parents aient le sentiment d'habiter chez leurs propres enfants. Ceux-ci ne cherchent pas à s'en éloigner et ont inventé une forme nouvelle de liens : un savant et subtil mélange de dépendance matérielle et d'autonomie affective.

L'individualisme s'est peut-être réfugié dans l'argent qui permet de l'acheter. En cela, l'argent est utile car il permet de s'éloigner des autres. Le vrai luxe est devenu précisément celui-là, c'est-à-dire celui de la solitude recherchée et acquise de haute lutte, contre les vents et les marées médiatiques et en opposition totale avec le politiquement correct qui exige, tout à l'inverse, le partage de toute intimité et de toute souffrance.

La télévision a inventé l'exhibitionnisme médiatique des couples et des individus en souffrance. L'étalement de cette souffrance est supposé en atténuer l'importance. Même s'il existe une grande distance entre ce qui est dit lors d'un enregistrement et ce qui est montré lors d'une diffusion, l'attente d'une rédemption cathodique reste très puissante. Les candidats ne manquent pas ; peut-être les femmes plus facilement que les hommes acceptent-elles de se livrer à ce déshabillage devant les caméras.

À l'échelle du couple, l'intimité peut ainsi disparaître dans l'illusion que la remise au public des désaccords et des conflits conjugaux les banalise et leur retire tout potentiel de nuisance. L'individu accepte ainsi de noyer ses limites dans l'anonymat du groupe élargi que constitue le groupe des téléspectateurs en lui attribuant une bienveillante compréhension de ses problèmes. S'il est vu, il ne peut qu'être compris et donc « guéri ». Cela lui donne l'illusion de croire, tout simplement, qu'il est quelqu'un d'intéressant et d'important pour les autres, aussi nombreux que possible.

Des données démographiques

L'espérance de vie, théorique et donc statistique, a doublé en un peu moins de deux siècles. Elle était d'environ quarante ans vers 1830 pour atteindre actuellement les quatre-vingts ans pour les femmes et soixante-treize pour les hommes. Bien évidemment, cette évolution très rapide a eu des conséquences importantes sur notre vie relationnelle, lesquelles, malgré leur importance, sont généralement ignorées ou mal comprises. Le moins qu'on puisse dire, c'est qu'elles n'ont pas été anticipées.

En effet, le mieux-être physique incontestable qui a permis ce doublement de l'espérance de vie ne correspond pas nécessairement à un progrès psychologique et relationnel. Il est bien sûr facile de quantifier le premier et difficile d'évaluer le second. D'une façon plus générale, les conséquences de cette augmentation statistique de l'espérance de vie n'ont pas été sérieusement pensées et encore moins réfléchies, notamment pour ce qui nous concerne ici, c'est-à-dire l'ensemble des liens conjugaux et familiaux.

La durée du couple

Lorsqu'un couple se formait, par exemple au début du XIXe siècle, l'homme et la femme pouvaient raisonnablement espérer vivre ensemble, encore une fois selon des données statistiques, quinze à vingt ans. Cela leur donnait le temps de faire quelques enfants — il en fallait beaucoup pour corriger la forte mortalité infanto-juvénile — et de travailler suffisamment pour assurer leur survie et transmettre leurs maigres biens, dans une société essentiellement rurale où la conservation et, à plus forte raison, l'augmentation des richesses se jouaient et se construisaient sur plusieurs générations. Les membres de générations différentes avaient peu de chances de cohabiter, et l'existence de chacun était subordonnée à sa fonction dans sa famille d'origine.

De nos jours, un jeune couple, même s'il a tendance à se marier ou à concubiner plus tardivement, s'engage pour une durée théorique de coexistence qui s'étale sur cinquante-soixante ans. La différence est de taille ! Ce simple chiffre permet de mieux comprendre le nombre important des séparations et des divorces. À l'évidence, il faut adjoindre à cet élément statistique d'autres évolutions non moins importantes comme la disparition de la ruralité au profit d'un cadre de vie essentiellement urbain. Cette urbanisation entraîne un brassage plus important de populations et donc des occasions de rencontre plus faciles.

Le fait que la femme ait accédé au monde du travail, dans un cadre professionnel où elle est rémunérée et où cet apport financier n'est plus seulement un appoint pour le couple, constitue également une donnée importante. La femme est moins dépendante de l'homme d'un point de vue financier, même si son niveau de rémunération reste encore sensiblement inférieur. À peine deux enfants viennent constituer la fratrie, la monoparentalité n'est plus nécessairement un obstacle insurmontable ; elle tend même à s'imposer comme un nouveau modèle familial.

L'engagement pour quinze ou vingt ans est fort différent de l'engagement pour cinquante ans… voire plus. La course de fond suppose de tout autres qualités qu'un parcours bien plus bref. Les variations de rythme de vie entre l'homme et la femme ont alors naturellement tendance à s'exacerber. Avec la durée, les bonnes vieilles recettes qui permettaient aux couples de « tenir » sont devenues inopérantes. Le bon sens ne suffit plus, loin de là. Il semble que face à ce nouveau type d'exercice les hommes soient bien moins habiles et efficaces que leurs compagnes. Nous aurons l'occasion d'y revenir largement.

Le remariage des parents

La durée du couple, encore une fois d'un point de vue strictement théorique, dépasse largement la durée de la fonction de parent. Ceci constitue une donnée nouvelle : ce n'est plus le fait d'avoir en commun des enfants qui définit, en premier lieu et uniquement, le couple. Il faut maintenant savoir au moins autant être conjugal que parental ; ces deux modes de vie ont tendance à définir, l'un après l'autre, l'existence du couple.

Les parents sont en fait moins parents, en termes de durée, que membres d'un même couple. Même si les enfants quittent le foyer parental de plus en plus tard, vers 26 ans en moyenne, la conjugalité est plus longue que la parentalité.

Pour les couples, après le départ des enfants, une deuxième vie commence, qui est d'autant plus difficile à expérimenter que les conjoints ont perdu l'habitude de n'être que deux sous le même toit. Ils se sont définis, jusque-là et en suivant l'exemple de leurs parents, bien plus comme des parents que comme des adultes dans une relation conjugale. Il est difficile d'en retrouver le mode d'emploi sans en reprendre les habitudes ; il est facile de se décourager assez rapidement. Ces parents peuvent avoir le sentiment, après le départ des enfants, d'avoir accompli leur tâche ; ils peuvent se sentir plus facilement libres de rompre leur lien conjugal qui n'est alors, dans leur esprit, que parental.

Il m'arrive, devant ces couples en mal d'enfants, atteints de ce qu'on appelle parfois le syndrome du « nid vide », de proposer un éventuel remariage. L'idée leur plaît, il leur arrive même de la valider par une cérémonie plus ou moins « officielle », avec leurs enfants, leurs petits-enfants et leurs amis. Il manque encore une case supplémentaire dans le livret de famille pour signifier le caractère symbolique de cette cérémonie. En effet, l'enjeu est de taille car il s'agit de construire de toutes pièces une nouvelle possibilité de couple, parfois pour deux ou trois décennies. On comprend qu'il puisse être tentant de rejouer ce scénario avec une autre personne.

La nécessité de projets nouveaux s'impose alors comme une évidence. Cela ne va pas de soi, car il convient de trouver d'autres rêves que ceux qui peuvent motiver un couple jeune : il est facile pour eux d'avoir des enfants et de construire un logement avant de l'aménager au rythme que leur permet l'avenir sans ombres qu'ils ont devant eux. Les enjeux sont tout à fait différents autour de cinquante ou soixante ans. Chacun a tendance à se retirer « sur ses terres », c'est-à-dire sur des projets plus individuels que partagés. Il faut alors trouver d'autres terrains qui soient ou qui puissent devenir communs, ce qui est souvent très difficile.

L'inégalité devant la mort

Il existe une différence de dix ans, apparemment « structurelle », entre l'espérance de vie d'un homme et celle d'une femme, à l'avantage de cette dernière. Elles sont donc bien plus solides qu'eux... À l'autre extrémité de la vie, il naît plus de petits garçons que de petites filles. Mais les hommes ne gardent pas cette avance, car la tendance est ensuite inversée par ce qui semble être une plus forte constitution des femmes et donc une mortalité plus importante pour les hommes.

À l'âge adulte, les femmes sont aussi un peu plus nombreuses que les hommes. Les compagnes éventuelles se trouvent sur un marché où les occasions masculines se font plus rares au fur et à mesure que l'âge avance, c'est ce qui fait que l'offre ne suit pas la demande. Les hommes sont donc également physiquement « absents » de la vie relationnelle des couples parce qu'ils se trouvent en infériorité numérique dans une même classe d'âge par rapport aux femmes.

Cela signifie également que celles qui sont mariées ou « en ménage » seront sans doute veuves ou solitaires pendant près de dix ans, avant de disparaître elles-mêmes. D'une certaine façon, la femme est ainsi « obligée » d'apprendre à se passer d'un homme. Elle s'y prépare peut-être — au moins inconsciemment, ce qui est déjà beaucoup — en anticipant d'une façon ou d'une autre cette absence programmée, pour mieux éviter d'en souffrir ultérieurement. Il semble ainsi que la solitude ultime des femmes soit déjà inscrite dans leurs chromosomes et, *a contrario*, le « dérobement » des hommes constituerait leur nature profonde.

Les élastiques parentaux

Cette différence d'espérance de vie entre les hommes et les femmes a des conséquences tout à fait spécifiques pour le premier et, par-là même, sur leur couple. Pour mieux décrire cette différence, il me faut faire un rapide détour par la génération des ascendants immédiats.

Prenons un couple dont chaque membre a entre quarante et cinquante ans. Plus précisément, admettons que monsieur a 46 ans et qu'il perd son père âgé de 78 ans. Il y a des risques — surtout s'il est fils unique — que sa mère tente de se rapprocher de lui en le plongeant alors dans un conflit de loyauté entre elle-même et sa femme. Ce rapprochement remet en mouvement un élastique qui a pu sommeiller pendant vingt ou trente ans et qui n'est pas loin de ressembler à un cordon ombilical.

Cet homme verra donc sa relation conjugale fragilisée par ce retour d'un lien filial avec lequel il pensait avoir pris suffisamment de distance mais que la mort de son père réactualise brutalement. Ce conflit de loyauté prendra pour lui, et pour sa femme, des aspects immédiats très variés. Il peut s'agir de questions concernant l'éducation des enfants, jusqu'au choix du lieu de vacances en passant par des enjeux financiers ou les visites qu'il convient de faire à cette dame de plus en plus âgée.

Je ne raisonne ici qu'en termes statistiques, c'est-à-dire selon une logique qui ne peut s'encombrer des cas particuliers. Il n'en reste pas moins que tout homme d'âge mur peut être sensible à ce « péril » qui le guette entre quarante et cinquante ans. Il s'y prépare plus ou moins, dans l'ambiguïté des liens qu'il ne peut manquer d'entretenir avec ces deux femmes.

On m'objectera que les épouses risquent également de se trouver prises dans cette même opposition de loyauté entre une mère et un mari. Cependant, les relations mère-fille semblent être d'une nature bien plus conflictuelle que les relations mère-fils ; c'est ce qui fait qu'une femme aura plus facilement tendance à « choisir » sa famille actuelle que sa famille d'origine. La séparation peut se faire de manière bien plus nette et bien plus définitive. Ses propres loyautés envers ses parents, et notamment avec sa mère, sont en quelque sorte moins dangereuses pour son couple actuel. Il en résulte que les conflits sont moins fréquents et moins importants.

Ainsi les données statistiques et la différence d'espérance de vie entre l'homme et la femme peuvent constituer un « handicap » pour l'homme, qui y trouve l'« occasion » de remettre en question la validité de son couple actuel. La disparition d'un père remet facilement le fils dans les bras de sa mère, ce qui n'est pas loin de poser à cet homme, dans bien des cas, un problème insoluble.

De nouvelles utopies

L'utopie nous est nécessaire. Comme sa racine grecque l'indique, il s'agit d'abord d'un lieu ou plutôt d'un non-lieu. Ce non-lieu a souvent été représenté sous la forme d'une île, c'est-à-dire un espace limité et donc bien protégé. Une île qui n'est pas tout à fait déserte, car peuplée des meilleurs êtres qui soient ; ils ne peuvent être que beaux, intelligents et généreux. Un lieu bien évidemment marqué par la réussite et la facilité. Un lieu où les règles de vie sont immuables parce que idéales, dictées par un être lui-même supérieurement intelligent. C'est pour cela que le temps n'existe plus dans l'utopie : il est devenu inutile.

Le couple lui-même, au travers des multiples ambitions qui s'y déploient, est un lieu d'utopie. C'est une utopie nouvelle qui s'est « démocratisée » avec le XXe siècle et dont le profil est constamment redéfini par les médias. Ces médias nous proposent ou nous imposent continuellement des formes de rêves. Quelques visages, quelques couples célèbres, quelques récits sans cesse rapportés en assurent la reproduction. Chaque culture, chaque époque et presque chaque pays à ses Tristan et Iseult, ses Roméo et Juliette, ses Paul et Virginie, ses Robinson et Vendredi. Ils sont quelquefois princesses et princes, d'autres fois acteurs et actrices, plus rarement pauvres ou effacés. Ce qu'on leur demande, c'est d'être les représentants de l'archétype, bien évidemment éternel, de l'aventure amoureuse idéale telle que chacun et chacune l'imagine.

Cependant, la véritable utopie dans l'amour, l'utopie dans l'utopie, c'est la passion. La passion restera toujours l'île enchantée de tous les amoureux, le fameux voyage à Cythère. La passion amoureuse est à la fois violente et fascinante, destructrice et merveilleuse. Certains la vivent avec ardeur — et comment faire autrement ? D'autres l'évitent soigneusement en craignant d'y perdre quelque raison : ils n'ont pas tout à fait tort. Pour beaucoup, le rêve ultime consiste à espérer vivre la même passion, sans cesse renouvelée, tout au long d'une même vie et avec la même personne. La passion serait donc fidèle, ce qui ne serait pas le moindre de ses paradoxes. Un des problèmes qui en découle, c'est que, lorsqu'elle « réussit », la passion enferme et isole facilement. L'île devient prison ; ce n'est plus Cythère mais Alcatraz. Elle dévore ses propres enfants, jusqu'à les séparer de tout et surtout des autres.

Cependant, tout cela serait relativement simple si une autre utopie, elle-même récente, n'était venue perturber les rêves du couple. En effet, à côté de l'utopie amoureuse, et souvent en rivale face à elle, s'impose de plus en plus l'utopie professionnelle. Plus exactement, l'évidence de la circulation de l'argent dans la société, la mise en valeur des *success stories* financières, et donc professionnelles, ont apporté d'autres raisons et d'autres occasions de rêver. Ces rêves ont longtemps semblé plus accessibles aux hommes, les femmes commencent à s'y livrer de plus en plus.

À côté des couples représentant l'idéal passionnel, dans le panthéon de nos imaginaires, se sont joints des personnages, généralement solitaires mais tout aussi rayonnants dans l'éclat de leur succès, qui ont pour nom Bernard Tapie ou Bill Gates. Ils sont devenus les égaux, souvent pour un temps, des hommes politiques[1] ou des vedettes du petit et du grand écran. Ils incarnent la banalisation de la réussite. Ils ont pour point commun d'être partis de peu avant de parvenir à une réussite qui ne doit rien aux richesses de leurs père et mère ou aux blasons qui surmontent la porte du château familial.

Comme la passion amoureuse, la réussite professionnelle s'est démocratisée pour devenir l'une des deux utopies qui parcourent notre monde et singulièrement les couples. Ainsi s'est installé un conflit entre ces deux utopies, l'homme et la femme pouvant alors poursuivre des buts différents, lesquels ne paraissent pas vraiment compatibles. On en est venu à la partition sui-

---

1. Il faut noter au passage que le premier territoire de l'utopie, c'est-à-dire le « politique » au sens large du terme, ne semble plus faire partie des ambitions que les jeunes peuvent avoir envie de se donner.

vante, à la fois schématique et banale : à la femme le couple et la famille, à l'homme le professionnel. L'un et l'autre sont en conflit potentiel, pris dans des logiques qui les séparent en les entraînant vers des contrées différentes. Chacun cherche à s'accomplir dans des domaines qui deviennent facilement incompatibles soit pour des raisons concrètes et pratiques, soit pour des raisons « idéologiques ».

Cette ligne de partage dans le couple ne concerne pas seulement l'homme et la femme, mais la femme elle-même. Celles-ci sont de plus en plus nombreuses à être prises entre ces deux utopies. Pour un temps, un consensus peut être trouvé, qui leur permet de rester mère tout en travaillant, mais ne tient plus à partir du moment où se pose la question du troisième enfant. Le premier enfant est « évident », il fait partie des projets du jeune couple ; le deuxième donne le sentiment de fonder une famille ; le troisième marque un point de non-retour, c'est l'enfant de l'engagement. Avec lui non seulement une famille se constitue, mais elle s'établit dans le temps pour durer.

Cet enfant oblige à un choix d'autant plus douloureux qu'il survient (ou ne survient pas) entre 35 et 40 ans, un âge où les hésitations ne peuvent se prolonger indéfiniment. Par ailleurs, les choix professionnels ne peuvent attendre. Ainsi, les contraintes biologiques qui concernent la femme accélèrent le rythme du temps. Très souvent, quel que soit son choix, entre sa vie familiale et sa vie professionnelle, la femme se sent facilement piégée et conserve toujours en tête la nostalgie de ce qu'elle aurait pu connaître dans l'autre terme de l'alternative.

2

Les changements de repères

Le décor a donc bien changé. Mais ce n'est pas tout ; il va falloir aller plus loin encore pour entrer à l'intérieur de ce décor. En effet, certains points de repère ou bien ont évolué, ou bien ont disparu. D'autres les ont remplacés ; il s'agit d'un double processus qui se déroule sous nos yeux sans que nous en soyons toujours conscients. Ces points de repère concernent aussi bien les femmes que les hommes. Ce qui pouvait paraître évident devient obsolète, ce qui paraissait impossible devient banal.

De l'utilité des spermatozoïdes

Il semble que l'humanité ait fait un grand bond en avant lorsque les hommes (au sens biologique) ont compris qu'ils étaient pour quelque chose dans la grossesse de leurs compagnes et dans le fait qu'elles donnaient naissance à d'autres êtres humains qui pouvaient éventuellement leur ressembler. Le lien entre la sexualité et la reproduction aurait été établi il y a quelques milliers d'années et aurait ouvert aux hommes des perspectives tout à fait nouvelles en même temps qu'il semble en avoir retiré aux femmes. Il s'agit là d'un des grands classiques de l'histoire de la relation entre les uns et les autres. Il est probable que cet événement, s'il a existé au sens historique du terme, ne pourra jamais être vérifié. Je ne le prends ici que comme une hypothèse permettant de donner un sens à des faits qui peuvent être observés de nos jours.

Certains anthropologues expliquent volontiers que cette découverte a marqué l'émergence d'un pouvoir masculin au détriment de celui des femmes, dans la mesure où l'homme a pu y trouver la preuve tangible qu'il transmettait « quelque chose » à ce qui devenait dès lors sa progéniture. Il s'agirait là, en quelque sorte, du point de repère basique dans la constitution de tout groupe humain. Il fonderait la parentalité et marquerait l'historicité double de chaque enfant, issu à la fois d'un père et d'une mère.

Le contact avec certains couples et certaines familles m'a donné le sentiment que cette évidence peut encore être oubliée de nos jours. En effet, nombre d'hommes paraissent facilement ignorer l'engagement qu'ils prennent auprès d'une femme et d'un enfant en donnant à la première quelques spermatozoïdes et au second un semblant d'histoire familiale. Ils semblent même capables d'oublier très rapidement que leur présence peut être utile au-delà d'un simple spasme plus ou moins érotique.

De même, nombre de femmes ne se servent des hommes que dans la mesure où ils peuvent être de bons pourvoyeurs d'informations génétiques. La seule chose importante, à propos de ce génome, est que l'information transmise soit aussi valorisante que possible. Certaines femmes aiment à considérer qu'elles peuvent elles-mêmes facilement assumer seules l'« élevage » et l'éducation d'un enfant pour ne pas avoir à s'embarrasser d'un lien conjugal et affectif qui leur paraît éminemment fragile, pour ne pas dire ennuyeux. Elles cherchent donc à procréer sans s'engager affectivement avec le géniteur occasionnel.

Voilà donc une humanité qui, du double point de vue biologique et culturel, donne le sentiment de régresser de quelques milliers d'années. Cette humanité semble renouer avec le « bon vieux temps » où les femmes et les hommes étaient séparés par une barrière culturelle et sociale qui, ignorant toute complémentarité biologique, n'avait pas encore inventé l'intimité durable du couple et le partage des tâches parentales. Ce qu'apporte notre modernité, à la différence de l'âge des cavernes, c'est la maîtrise scientifique de la biologie, qui n'est plus niée ou ignorée mais tout simplement dépassée.

Ne craignant pas de participer à ce mouvement, l'homme moderne produit de moins en moins de spermatozoïdes[1]. Faut-il y voir la conséquence de certaines pollutions ou, plus profondément, la défection la plus intime qui soit du sentiment de virilité en même temps que la disparition programmée de l'espèce humaine dans une indifférenciation suicidaire ? Quelle est l'utilité d'un sexe s'il ne sert plus la reproduction, à moins que les éprouvettes et les biologistes pourvoient, dans les années qui viennent, à ce que la nature aura jugé superflu ? L'homme et la femme ne transmettront plus un code génétique, ils seront « simplement » voués l'un et l'autre au plaisir d'une sexualité définitivement et artificiellement débarrassée de sa finalité reproductrice.

Selon certaines études, 10 % des hommes mariés ont des enfants dont ils ne sont pas les pères. Cela signifie qu'un nombre non négligeable de pères auraient

1. C'est également le cas chez d'autres « animaux ».

des enfants dont ils ne seraient pas les géniteurs et qu'un nombre non négligeable d'enfants se trompent eux-mêmes sur l'identité de leur père biologique. Que de secrets de filiation dans la seule tête des femmes, ou de certaines d'entre elles ! Le misogyne y verrait facilement la preuve de leur mauvaise foi et de leur inconstance fondamentales ; il s'agirait, pour le généticien, d'un mécanisme relevant d'une recherche « instinctuelle » de la variété génétique. Ces femmes, pour l'une ou l'autre raison, vont bien rechercher chez d'autres hommes ce qu'elles refusent, à un moment ou à un autre, à leur mari ou à leur compagnon.

En France, plus de 40 % des enfants naissent hors mariage. Quelles représentations ont ces enfants de la solidité, ou de la fragilité, du lien qui unit leurs parents ? Comment peut-on leur transmettre, si d'aventure on le souhaite, l'idée du sacré ainsi que celle de l'autorité qui est attachée à l'institution maritale ?

Ainsi, l'homme en tant que père peut sembler facilement dévalorisé dans la constance et la clarté de son rôle ; il semble n'être réduit qu'à une fonction de fournisseur de spermatozoïdes et ne donne pas le sentiment de s'engager au-delà de la vitalité, elle-même toute relative, de cette petite torpille qui monte à l'assaut de la forteresse ovulaire.

Une médecine asexuée

Les techniques de procréation assistée sont venues brouiller les pistes de la filiation, aussi bien pour l'homme que pour la femme. Dans nos sociétés, l'émergence de ces techniques s'est accompagnée, de façon apparemment contradictoire, d'une valorisation de la macrofiliation au détriment d'un sentiment immédiat de microfiliation. La filiation globale, culturelle et ancestrale, remplace la filiation immédiate, c'est-à-dire unigénérationnelle.

Tout se passe comme si l'historicité et l'appartenance culturelle remplaçaient le lien le plus intime, à savoir le lien biologique, avec un père *et* une mère. Avoir un enfant est devenu une manière d'exister. Cette filiation apporte un surcroît d'existence, tout autant pour les parents que pour l'enfant, mais elle se fait dans le mépris et l'ignorance.

À l'évidence, ce qu'on appelle les progrès techniques de la médecine accompagnent et amplifient ce mouvement vers la désexualisation de la reproduction au mépris d'une question fondamentale : celle de l'identité. La fonction reproductrice, intime et librement recherchée entre deux êtres humains, risque de devenir une fonction de clonage extérieure au corps humain. Les valeurs de don et d'échange qui présidaient, au moins théoriquement, à un engagement dans cette tâche seront balayées pour laisser place à une décision médicalisée dont l'unique objet sera l'évacuation de tout risque génétique. Il s'agira de créer un enfant exempt de toute pathologie et de toute possibilité de pathologie. La souffrance physique est écartée au risque de la perte d'identité ; un risque objectif est contrôlé alors qu'un risque subjectif est ignoré. Toute l'histoire des techniques de procréation assistée jusqu'aux futures techniques de clonage met en scène cette même opposition et ce même choix : le problème de l'identité cède le pas à un progrès immédiat.

La médecine est profondément masculine, et même machiste, dans le sens où elle obéit essentiellement à une logique de défi, sans s'inquiéter des conséquences relationnelles de ses prises de position. Ces défis sont à la fois apparents et cachés. Les plus apparents concernent la chirurgie et la recherche immédiate d'un résultat spectaculaire, les plus cachés concernent la remise en question de l'importance que peuvent avoir le sentiment d'identité et la dimension relationnelle de nos liens.

L'illusion hygiéniste

La médecine n'a pas fait de progrès substantiels depuis la découverte des antibiotiques, c'est-à-dire depuis plus d'un demi-siècle. Ces dernières décennies, elle s'est essentiellement développée vers des pratiques préventives de plus en plus invasives et même impérialistes. Ainsi, tout est devenu dangereux : l'alimentation en général, la sexualité, le travail, le tabac, l'air, l'eau, le soleil, les voyages, les animaux de compagnie et j'en passe. Ces discours alarmants ne sont même pas parvenus à endiguer la dégradation de l'environnement. Les pratiques économiques et industrielles sont bien plus puissantes que l'idéologie médicale dominante. C'est ce qui fait que s'est installée une dangereuse escalade entre un discours hygiénique, et hygiéniste, de plus en plus inquiétant et des exigences économiques de plus en plus appauvrissantes pour notre cadre de vie.

Nous avons cependant construit une société qui entretient l'illusion d'une éternité accessible. Tout se passe comme si, pour l'individu qui échappe à tous les dangers de chaque instant de son existence, l'éternité était assurée. La médecine est devenue essentiellement hygiéniste dans la poursuite d'un monde propre, exempt de toute pollution au sens large du terme, c'est-à-dire un monde d'où est écartée toute information qui risque de pervertir une nature réputée essentiellement pure. Il n'est même plus question de survie mais, plus simplement de vie. La vie éternelle que l'on nous promet ainsi a une saveur bien triste et bien fade.

Dans cette illusion, la jeunesse devient éternelle. Les publicités des années cinquante et soixante — ce qu'on appelait alors des réclames — mettent en scène des personnes qui ont généralement trente ou quarante ans. Actuellement, l'âge moyen des acteurs tend sans cesse à diminuer. De plus en plus fréquemment ce sont des enfants qui vantent les mérites non seulement de jouets, de jeux vidéo ou de boissons gazeuses, mais également de voitures ou de produits d'assurances. Cette illusion de l'éternité trouve, bien évidemment, sa confirmation la plus éclatante dans la promesse du clonage.

Du couple à la société

Depuis plusieurs siècles, l'histoire des liens familiaux offre plus facilement des modèles de familles que des modèles de couples. À l'inverse, depuis quelques dizaines d'années, ce sont les liens de couple qui définissent les liens familiaux. Il s'agit là d'une évolution sensible de nos modes de vie, qui ont tendance à se définir davantage par des critères conjugaux que des données familiales. D'une certaine façon, le couple est devenu plus important que la famille : le premier définit maintenant l'autre. Encore une fois, les repères classiques se sont effacés au profit d'une pluralité de possibles dans les liens qui relient, pour ne pas dire unissent ou désunissent, deux adultes.

Aux États-Unis, le modèle de famille « normale » tend à devenir minoritaire avec la montée en puissance des familles dites monoparentales et des familles reconstituées de plus en plus nombreuses. Or ces deux derniers modes de vie sont les conséquences immédiates de l'éclatement des modèles de couple, à partir du modèle originel, dans une diversité qui n'a probablement pas fini de se développer. Au-delà de la famille, les modes de vie en couple et les choix sexuels dessinent les motifs du tissu social. Que ce soit à propos du Pacs, des liens homosexuels, de l'homoparentalité ou de la monoparentalité, l'évolution des mœurs concerne d'abord les différents choix que peut faire un adulte dans la conduite de sa sexualité.

La fin des conflits de générations

Jusqu'au milieu des années soixante-dix, les différentes générations entretenaient, c'est-à-dire construisaient constamment et selon des accords tacites, des rapports facilement conflictuels. Cette logique a prévalu tout au long de ce qu'on appelle maintenant les « trente glorieuses ». Il en a résulté de fortes tensions sociales qui se sont essentiellement définies autour de différends idéologiques et politiques. Une certaine société, représentée par les adultes, était plus ou moins violemment rejetée. Actuellement, ces tensions sociales se sont sensiblement déplacées, elles ne vont plus dans le sens d'un rejet de la société mais plutôt, et à l'inverse, d'un désir d'intégration dans cette même société.

Nous ne sommes plus dans une logique de conflit entre les générations mais dans une dynamique d'interpénétration des générations : elles ont tendance à s'échanger leurs prérogatives. Ainsi, les adolescents et parfois les enfants se conduisent comme des adultes, alors que les adultes cherchent à vivre comme des adolescents, voire comme des enfants !

D'une certaine façon, tout cela peut donner une sensation de flou, d'autant que le mécanisme, se nourrissant de lui-même, tend à se reproduire à la génération suivante. En effet, l'ex-adolescent qui a passé sa jeunesse à se conduire comme un adulte, notamment dans la mesure où ses parents ont divorcé, aura tendance à avoir envie de vivre son âge adulte comme cet adolescent qu'il n'a pu être précédemment.

L'importance de la loi

Officiellement, la loi — c'est-à-dire, en fin de compte, le législateur — n'a pas de sexe. Alors que l'allégorie représente la justice sous les traits avenants d'une jeune femme, de préférence aveuglée par un chaste bandeau, tenant en main le cadre d'une balance qui ne peut être que parfaitement équilibrée, dans la réalité elle est tantôt du côté de l'homme, tantôt du côté de la femme. Ainsi représentée, la justice se veut non seulement équitable, ce qui est la moindre des choses, mais également séduisante.

La loi est à la fois nécessaire et imparfaite. En ce qui concerne son application aux relations conjugales et familiales, les imperfections peuvent devenir manifestes. Elles proviennent essentiellement du fait que le législateur suit, parfois avec beaucoup de retard, les évolutions sociologiques plutôt qu'il ne les anticipe. Je considérerai ici trois situations qui donnent à réfléchir sur l'impartialité de cette « jeune femme » qui est tantôt plus féministe que de nombreuses femmes et tantôt favorise outrageusement les liens biologiques aux dépens des liens contractuels.

La garde des enfants

On sait que lorsqu'un divorce est prononcé, il est bien plus fréquent que la garde des enfants soit accordée à la mère qu'au père. Cette tendance se réfère encore à un modèle familial qui a dominé jusqu'au milieu du XXe siècle. Selon ce modèle, la femme est bien plus en mesure que l'homme d'assurer les tâches afférentes à l'éducation des enfants. Chacun sait également, sauf le législateur, que les temps ont changé.

Les femmes travaillent presque autant que les hommes, au moins jusqu'au deuxième enfant. Même si leurs moyens financiers restent inférieurs à ceux des hommes — à responsabilité égale, leur salaire est de 20 à 30 % inférieur — ce salaire n'est plus simplement un salaire d'appoint. Il peut leur permettre, avec certaines aides sociales et une pension alimentaire, d'élever un ou plusieurs enfants. Cependant, les hommes en ont également les moyens, non seulement d'un point de vue financier, mais également dans les aménagements concrets que cette charge peut nécessiter.

Dans de nombreux pays occidentaux, des associations ou des mouvements d'opinion cherchent à établir une parité entre le père et la mère afin de promouvoir un réel partage des responsabilités parentales, au-delà de la séparation ou du divorce des parents. Le législateur a tendance à s'en tenir à une répartition classique des rôles en prenant le risque de montrer, ou de trahir, une hostilité à l'émancipation professionnelle des femmes.

Les prestations compensatoires

Instituées en 1975, les prestations compensatoires sont supposées corriger pour l'un des deux conjoints, au décours du divorce, la perte du niveau de vie qui était jusque-là celui du couple. Bien évidemment, dans la très grande majorité des divorces, c'est la femme qui en est la bénéficiaire, puisque dans 95 % des cas c'est l'ex-époux qui en a la charge. Cette prestation ne se confond pas avec la pension alimentaire spécifiquement destinée aux enfants.

Dans l'esprit du législateur, il s'agissait de favoriser au moment du divorce le versement d'un capital, afin de régler, une fois pour toutes, les problèmes financiers qui peuvent éclater entre les deux membres du couple. Dans la majorité des cas — près de 80 % des jugements —, les tribunaux ont longtemps privilégié le versement d'une rente, temporaire ou viagère, très difficilement révisable. Plutôt que d'être définitivement réglés, les problèmes financiers se sont, tout au contraire, chronicisés non seulement dans le cours de l'existence des deux protagonistes mais, parfois, bien au-delà. En effet, cette charge est transmissible aux héritiers de l'ex-époux, et reste due en cas de remariage ou de concubinage de l'ex-épouse.

On aura compris que depuis la promulgation de la loi, en 1975, ces dispositions ont entraîné de nombreuses injustices. Par exemple, quand un homme se remarie et a la mauvaise idée de décéder, sa seconde femme « hérite » de l'obligation de verser cette prestation à sa première femme. Il en est de même pour les enfants qui peuvent avoir à verser une pension pour la seconde épouse divorcée de leur père disparu. Non seulement le divorce est devenu une assurance-vie mais il maintient des liens financiers entre des femmes dont on peut imaginer qu'elles avaient déjà de nombreuses raisons de prendre de la distance l'une par rapport à l'autre.

Il aura fallu attendre plus de vingt-cinq ans la modification des dispositions de cette loi pour tenter d'atténuer certaines conséquences du divorce, à long et très long terme. Ainsi, la transmission d'un capital va être facilitée en même temps que la révision de la prestation en cas de changement notoire dans le train de vie de l'un ou de l'autre. Il n'en reste pas moins qu'une loi est restée très longtemps bien plus favorable aux femmes qu'aux hommes, même si la pratique l'a détournée des bonnes intentions qui prévalaient à son origine.

Les règles de succession

En cas de décès d'un des deux membres du couple, le conjoint survivant, en fait bien plus fréquemment la conjointe (en l'absence de toute disposition testamentaire expressément contraire) n'arrive qu'en quatrième position dans l'ordre successoral. Bien avant lui, ou elle, les descendants arrivent en première ligne suivis des ascendants (père et mère) et des collatéraux dits privilégiés (frères et sœurs et leurs descendants) et enfin, en troisième ordre, de tous les ascendants. Après le ou la conjointe survivante viennent tous les collatéraux ordinaires (parents et cousins jusqu'au sixième degré) et, en sixième position, bien évidemment l'État qui ne manque jamais de faire valoir ses propres droits.

Les liens verticaux, c'est-à-dire biologiques, sont clairement privilégiés au détriment du couple et du mariage en leur retirant, dans une large mesure, toute possibilité de sécuriser l'avenir des femmes au-delà de la disparition de leurs époux. Ces dispositions rendent quelquefois problématique la survie matérielle et affective des veuves, plus nombreuses que les veufs, en les laissant dans une dépendance qui risque d'être injuste envers leurs propres enfants ou, parfois, les enfants issus d'une autre union.

Ici, c'est l'institution même du mariage qui est dévalorisée. Tout se passe comme si la finalité reproductrice étant accomplie, aucune reconnaissance n'était donnée au couple en tant que tel et encore moins, en l'occurrence, à la mère dont les intérêts ne sont pas défendus face à ses propres enfants et surtout face au passé familial de son époux qui resurgit ainsi, parfois après des dizaines d'années de mariage.

La place de la femme

Bien évidemment, la place de la femme a changé dans notre société à la suite de l'action des mouvements féministes à partir des années soixante. Plus précisément, deux événements majeurs sont venus bouleverser les liens conjugaux et familiaux. Ils sont bien connus et je me contenterai de les aborder rapidement avant d'y revenir plus longuement : l'accession massive au monde du travail et la prise de conscience culturelle de l'importance de la sexualité dans le couple.

Les femmes ont travaillé de tout temps. Ce travail a longtemps été noyé dans l'activité de la famille ou considéré comme faisant partie de ses devoirs dans le cadre strictement familial. En sortant précisément de ce cadre familial, la femme a appris beaucoup de choses, jusqu'à l'extrême qui est de pouvoir se passer d'un homme.

L'importance de la sexualité est une idée nouvelle, mais ce qui est encore bien plus récent, c'est la possibilité d'en parler, parfois même jusqu'à l'exhibitionnisme le plus cru. D'une certaine façon, l'homme n'en est pas encore revenu ; il n'en croit pas ses yeux et cherche où planter sa propre intimité dans ce nouveau décor.

Où sont les nouveaux pères ?

Avec les années quatre-vingt et quatre-vingt-dix est apparue une nouvelle « race » de pères qui ont été appelés, bien évidemment, les « nouveaux pères ». Comme on lançait sur le marché la nouvelle cuisine et les nouveaux philosophes, il a semblé évident que les hommes ne pouvaient que changer eux-mêmes face au changement des femmes, pour mériter cette nouvelle appellation. Les revendications des unes semblaient avoir reçu un écho favorable de l'autre côté des sexes.

Le nouveau père est volontiers représenté comme un homme mûr, aux alentours de la quarantaine, s'occupant de ses enfants, et surtout de son nouveau-né, avec autant de tendresse et de compréhension que leur mère. Il ne manque pas de se lever la nuit pour répondre aux pleurs et consoler sa progéniture ; il sait préparer un biberon à la bonne température et il est au moins aussi habile que sa femme pour changer les couches qu'il est même capable de choisir et d'acheter au supermarché. Il sait donc mettre la main à la pâte et n'éprouve en rien le sentiment de déchoir en se livrant ainsi aux joies du paternage quotidien, dans ses aspects les moins nobles. Il reste un homme, et même un mâle, tout en étant un père et pas seulement un géniteur. Il est non seulement un homme, mais un père parfait.

Il semblerait que cette nouvelle « race » de pères a connu une extinction foudroyante : selon une étude récente[1], on n'en trouve plus que de rares spécimens. En aucun cas cette catégorie d'hommes n'a connu le développement que divers médias lui ont généreusement attribué. Les chiffres sont là pour rappeler et

1. Conjointement menée par le CNRS et l'université Paris-I.

démontrer l'affligeante réalité : rien n'a changé dans la répartition des tâches les plus quotidiennes entre l'homme et la femme !

L'étude en question confirme à la fois ce que chacun peut constater (à savoir qu'une femme mère exerce bien deux professions) tout en quantifiant précisément la charge de travail ménager que chaque membre du couple assume effectivement. Ce « temps parental » hebdomadaire, pour les mères vivant en couple, est de 25 h 37 ce qui correspond à plus d'un deux-tiers de temps professionnel, alors qu'il n'est que de 12 h 41 pour les pères qui consacrent donc deux fois moins de temps à leurs enfants. Les hommes s'impliquent essentiellement dans des activités de socialisation de leurs enfants, c'est-à-dire tout ce qui est le plus gratifiant et d'une certaine façon le plus facile. Les tâches ménagères proprement dites restent à la charge de la mère. Les plus dures sont assurées à 80 % par celles-ci.

Lorsqu'il est question d'identifier les différences entre investissement professionnel et familial, les chiffres ne laissent aucun doute sur la persistance de pratiques profondément sexuées : les hommes consacrent 76 % de leur temps au travail et 24 % à la sphère parentale alors que ces pourcentages sont respectivement de 59 et 41 % pour la femme ce qui, pour cette dernière, ne peut se faire, bien évidemment, qu'au détriment de son activité professionnelle et du développement de sa « carrière ».

Décidément, la notion de « nouveau père » a fait long feu et semble même n'avoir été qu'une invention de certains journalistes ou de certaines rédactions d'hebdomadaires féminins. À moins que certains hommes, trop empressés d'extrapoler leur expérience à partir de leur cas très particulier, n'aient réussi à se persuader et à persuader les autres qu'ils ne faisaient que refléter une évolution largement développée et répandue dans notre société. Les pesanteurs culturelles et sociologiques semblent bien plus lourdes, bien plus efficaces, qu'on aurait pu le penser, ou l'espérer, il y a quelques années.

Le troisième sexe

C'est une grande erreur que de considérer qu'il n'y a que deux sexes : il y en a au moins trois et peut-être même davantage. Si cela n'était pas le cas, il est probable que bien des choses seraient trop simples, notamment dans le couple, allant jusqu'à devenir insipides et fades. Donc, au moins deux sexes. Aux deux sexes classiques et relativement connus est venu s'adjoindre le troisième sexe dont aucun livre ni aucun auteur, qu'il soit homme ou femme, ne revendique encore, si j'ose dire, la paternité ou la maternité : le sexe « neutre ».

Cet être hybride n'est ni homme ni femme, tout en étant les deux à la fois. Mais il n'est pas hermaphrodite pour autant. Il est masculin dans sa féminité et féminin dans sa masculinité, ce qui ne manque pas d'être complexe. Il a ainsi, par exemple, de larges épaules comme une femme peut les avoir et un bassin étroit comme un homme peut le porter. Sa poitrine est trop proéminente pour être masculine et trop timide pour être vraiment féminine. Le sexe neutre s'habille de gris parce que cette teinte n'est pas vraiment une couleur et s'accommode facilement avec toutes les formes et tous les décors. Bien que le sexe neutre ne se rencontre pas simplement dans le monde de la publicité, il arrive que le noir lui aille bien mieux que toute autre « couleur ».

Il ne parle pas beaucoup, sa voix elle-même montre une tonalité assez neutre qui n'est pas sans rappeler certaines paroles synthétiques élaborées par des ordinateurs ou la musique qui est diffusée dans de nombreux ascenseurs.

Ce sexe-là emprunte aux deux autres ce qu'ils ont de plus consensuel et de plus convenu. Il s'agit donc d'un sexe qui ne cherche pas à choquer, ce qui est une prétention bien étrange pour un sexe. C'est donc qu'il n'est pas loin de se nier lui-même. Il se veut un compromis qui n'engage pas ceux qui le « portent » et ne dérange pas ceux qui le côtoient. Il est au sexe ce que le politiquement correct est à la pensée politico-socio-économique. C'est le sexuellement fade.

Malgré ou à cause de son absence d'ambition, il est nuisible pour les autres sexes et notamment pour le sexe masculin. Il a tendance à dévaloriser toute prétention sexuelle, car il est un refuge facile pour la cohorte de ceux qui considèrent que la sexualité est complexe et d'un commerce difficile, voire impossible.

Ils sont de plus en plus nombreux ceux qui répugnent à s'engager dans un couple pour ne pas avoir à se « colleter » aux tortures de la passion irrationnelle et aux incertitudes des lendemains porteurs de désenchantement. Le sexe neutre est le meilleur gage de la paix sexuelle et répond parfaitement à la nécessité d'un monde d'où sont exclues souffrance et conflit.

Comme il ne s'affiche pas pour mieux exister, toute manifestation sexuelle lui semble de mauvais goût et douteuse. Ce troisième sexe a réussi à être d'abord et avant tout rassurant et familier. Il n'est pas seulement le résultat de quelques décennies de féminisme outrancier ; les hommes eux-mêmes ont accepté cette logique.

Quelle place pour le mariage ?

Lorsque, comme je l'ai déjà mentionné, 40 % des enfants naissent hors mariage, le lien du mariage ne semble plus avoir la même valeur que pour les générations précédentes. Il ne constitue plus l'unique porte ouverte à la cohabitation et à une progéniture. Bien sûr, ce chiffre est trompeur parce que certains des couples dont sont issus ces enfants peuvent un jour ou l'autre se marier.

Il n'en reste pas moins qu'il est maintenant possible de se poser les questions suivantes, qui n'avaient pas lieu d'être précédemment : Pourquoi se marier ? À quel moment doit-on éventuellement se marier ? Tout est maintenant possible entre se marier, ne pas se marier, se marier plus tard, se marier puis divorcer et puis se remarier.

D'abord, pourquoi se marier ? La pression sociale existe encore, même si elle est beaucoup moins importante. Le besoin de ritualiser la création d'un lien peut parfois intervenir. Le regard des autres valide le lien en lui donnant une existence sociale. Comme en général les sentiments et les émotions sont de plus en plus contenus dans un cadre intime, cette ritualisation paraît moins importante. De ce point de vue, le Pacs apparaît comme un rituel *a minima*, une espèce de compromis entre le besoin de « faire quelque chose » et le besoin de ne pas trop en faire. C'est peut être un de ses principaux intérêts. Le législateur ne s'y est pas trompé en percevant bien la valeur symbolique de l'instance publique qui serait amenée à officialiser ce lien, il a ainsi évité que le maire n'apporte une caution équivalente à celle que reçoit le mariage.

L'urbanisation rend cette reconnaissance sociale encore moins nécessaire. Il est parfaitement possible de vivre dans un quasi-anonymat au sein d'une ville et même d'un quartier. Plus personne ne s'inquiète de savoir si tel ou tel couple est marié ou non. Le mode de vie relationnel n'attire plus les regards obliques des concierges et des voisins.

Les raisons financières et fiscales qui pourraient, de manière toute relative, avantager les couples mariés ne semblent plus faire la différence. Cet élément-là n'est plus déterminant. Ce n'est plus avec une calculette qu'on aura tendance à choisir son mode de vie mais, encore une fois, bien plutôt à l'aune de la qualité de la relation.

L'avis des parents peut encore quelquefois compter. En fait, lorsque les parents interviennent, ils le font surtout indirectement et n'en tirent pas vraiment profit ; ils décident parfois le mariage d'un de leurs enfants par… leur disparition. Il arrive que le décès d'un parent, par le sentiment d'instabilité qu'il introduit, accélère le besoin de se marier. Tout se passe alors comme si la disparition d'un lien exigeait la création d'un autre lien, dans une logique quasiment mathématique. Le fait de perdre un point de repère donne l'envie d'en créer un autre. Un couple disparaît, un autre se reconstruit.

Les enfants peuvent marquer leur influence sur une prise de décision. Ils le font soit ouvertement, soit de manière cachée. D'une façon générale, ils ont tendance à avoir une attitude très normative vis-à-vis de leurs parents et de la famille. Ils peuvent assez facilement avoir envie de voir leurs parents se marier pour se conformer à une norme sociale qui les rassure et les stabilise. Ils ont toujours besoin d'affirmer la pérennité du couple parental et le mariage est pour eux un garant de cet équilibre, malgré le nombre de divorces et de séparations dont ils perçoivent les effets autour d'eux. C'est même peut-être ce qui les rend encore plus prudents dans leurs propres familles. Ils ne peuvent que mal vivre le danger, ou même la possibilité, d'une séparation ou d'un divorce.

Les aléas de la vie professionnelle introduisent enfin des périodes d'instabilité dans le couple. Un licenciement, un changement d'orientation, un déménagement ou une promotion peuvent accélérer une prise de décision qui restait jusque-là en balance. C'est alors plus facilement la femme qui en montrera l'envie. Par exemple, la nécessité d'une nouvelle formation peut être l'occasion d'un mariage. Il est alors quelquefois difficile de faire la part entre le prétexte et l'occasion. Il est évident que sur une vie de couple qui peut « durer » quelques décennies, l'envie et le besoin de changer d'avis paraissent tout à fait justifiés.

Ainsi, pour toutes ces raisons, le mariage n'est plus une nécessité ni même un besoin : il est devenu un choix. Il a pris une valeur nouvelle où chacun des deux membres du couple se donne souvent le recul de quelques années de vie commune avant de « franchir le pas ». De ce point de vue, il est possible de considérer qu'il s'est bonifié avec le sentiment de liberté qui l'entoure à présent.

Quelle place pour la famille ?

Les modes de vie conjugaux et familiaux ont toujours été des enjeux politiques. Le politique a toujours tenté de se les approprier. La fameuse cellule familiale, élément de base de la vie sociale, a justifié de tout temps ces tentatives de mainmise aussi bien de la part de l'État que de la religion. Le pouvoir se nouait et se dénouait dans le contrôle de la dynamique familiale. La famille était donc, par définition, perçue comme un lieu potentiellement révolutionnaire et même dangereux.

Cette évidente mainmise des pouvoirs temporel et spirituel sur la famille a fait que pendant longtemps, c'est-à-dire jusqu'au début des années quatre-vingt-dix, la famille est apparue comme étant une valeur de droite. Elle a été vilipendée par la gauche, et encore plus par l'extrême gauche, en tant que réceptacle de la violence bourgeoise et lieu de la reconduction programmée de l'asservissement.

Toute l'antipsychiatrie du début des années soixante-dix s'est appuyée sur le rejet de la cellule familiale. Or la société consumériste qui se développe de nos jours, avec le triomphe de l'ultralibéralisme, fait peu de cas des valeurs familiales qui sont plutôt devenus des obstacles à un libre développement. Cela signifie que même la droite « lâche » la famille. La dérégulation de la vie économique va jusqu'à la dilution des liens familiaux.

Cette logique se fonde sur deux mécanismes : l'émergence de l'individu et la nécessité d'un « retour sur investissement » aussi rapide que possible. L'individu et l'individualisme sont des inventions modernes. Elles constituent pour nous un héritage profondément judéo-chrétien. Cependant, il ne s'agit pas ici d'un individu au sens psychologique du terme. Celui-ci a plutôt tendance, comme nous l'avons vu, à se claniser. Il s'agit d'un individu désirant, à savoir consommateur, qui cherche constamment à satisfaire ses désirs ; il est, bien sûr, très intéressant d'un point de vue économique.

Ainsi, il existe également un profond antagonisme entre une institution comme le mariage et notre contexte socio-économique. D'un côté, comme nous l'avons vu, les liens du mariage se constituent aujourd'hui sur une durée théorique de quelques dizaines d'années. De l'autre, pour s'engager, les investissements économiques doivent anticiper une rentabilité suffisante sur moins de dix ans. C'est ce qui fait que les rythmes humains se sont progressivement « découplés » des rythmes socio-économiques.

Dans ce mécanisme, le couple et la famille ont perdu de leur valeur, au sens financier du terme. Ils ne sont plus intéressants et les investisseurs ont tendance à s'en détourner dans leurs prévisions et dans leurs « retours sur investissements ». De ce point de vue, les populations célibataires, comme par exemple les homosexuels, sont de plus en plus facilement sollicités par les annonceurs. Ce sont là des consommateurs qui n'ont pas la mauvaise idée de reporter leurs dépenses à cause des futures études de leurs enfants. Ils n'ont pas la fâcheuse tendance à souscrire des assurances vie qui gonflent leur épargne et les empêchent de prendre l'avion trois ou quatre fois par an.

La principale valeur, pour un économiste, est le développement de la population et donc le taux de natalité dans un groupe humain spécifique. Bien évidemment, la courbe de natalité permet d'anticiper le développement d'une population de consommateurs. Ces valeurs peuvent parfaitement faire l'économie d'une vision jusque-là morale de la famille. Ainsi, par exemple, certains économistes voient d'un bon œil l'émergence, au Japon, d'une population de jeunes femmes qui envisagent d'avoir un ou plusieurs enfants en dehors du mariage, ce qui dans leur culture reste choquant pour une majeure partie de la population.

Pour un Européen, quelques semaines de séjour en Amérique du Nord apportent un dépaysement important dans le sens où l'on perçoit facilement l'existence d'une frontière bien étanche entre le mode de vie des femmes et celui des hommes. Les premières se retrouvent fréquemment entre elles pour partager les mêmes loisirs et les mêmes activités ; les hommes également. Chacun de son côté en arrive à privilégier une partition sociale dont la limite est constituée par l'appartenance à un sexe. Cette partition n'est pas loin de sembler caricaturale pour un Européen en évoquant, même quelque peu déformé, le vieil adage : papa boit, maman coud !

La cellule familiale est divisée en deux lignées sexuées par une culture de loisirs qui se définit essentiellement dans sa dimension clanique. La culture des loisirs est également très intéressante d'un point de vue économique. Chacun se retrouve avec ses semblables, c'est-à-dire ceux d'un même sexe, pour partager une complicité plus fraternelle que conjugale.

Il ne semble pas utile, et même dangereux, de mêler des couples les uns avec les autres. Cette forme de sociabilité a tendance à disparaître. Les raisons paraissent nombreuses, la principale relève probablement du fait qu'il existe une profonde désillusion sur ce que peut être précisément un couple au-delà de quelques années de vie commune. Il s'agit d'une valeur qui est frappée par le désenchantement, il ne semble plus devoir ou pouvoir être un champ de partage et de progrès. On peut probablement y voir une des conséquences, même indirecte, de la durée de la cohabitation conjugale en même temps que celle de l'avancement sensible de la civilisation des loisirs.

L'évidence de l'identité

Comme nous l'avons vu, un double de l'idée d'individu, la notion d'identité, a émergé au cours des deux derniers millénaires. Cette notion permet à chacun de nous d'avoir le sentiment d'être différent d'un autre.

Elle se construit à la fois sur l'apparence, grâce à une insertion spécifique dans le temps et dans l'espace, mais également dans la somme des expériences spécifiques qui construisent l'histoire de chacun.

On peut prévoir que dans quelques décennies et à plus forte raison au cours des prochains siècles, pour tout ou partie de l'humanité, cette notion prendra place parmi les accessoires du passé. Nous appartenons probablement aux dernières générations pour lesquelles le sentiment d'identité est perçu comme une évidence que rien ne vient ébranler. Le clonage, sous des formes très diverses, a toujours été présent soit comme un rêve, soit comme une ambition scientifique ou relationnelle.

Ce clonage n'est pas seulement affaire de génétique. Le simple fait, pour un parent, de vouloir que son enfant lui ressemble et poursuive les mêmes buts et les mêmes objectifs répond déjà à une logique de reproduction à l'identique. Toutes les pratiques de greffe visent, en fin de compte, le remplacement régulier et progressif de tous les organes défaillants sauf, jusqu'à présent, le cerveau. Ces « réparations » et ces remplacements permettent d'envisager une survie éternelle.

Dans cette évolution, le couple risque de perdre une de ses principales prérogatives, c'est-à-dire celle d'être le lieu de transmission de cette identité, avec toutes les incertitudes que cela suppose. Le couple est encore une expérience hasardeuse, aussi bien en ce qui concerne son évolution qu'en ce qui concerne ses résultats : la personnalité et le devenir des enfants. Car l'identité risque de subir elle-même une exigence consumériste qui fera que le hasard sera progressivement exclu de sa détermination.

3

Les relations

Je vous propose un petit détour par le cabinet du psychothérapeute, là où tout doit pouvoir se jouer dans la précision de la communication, afin de mieux cerner les conséquences et la traduction quotidienne des changements qui viennent d'être décrits. La compréhension relationnelle de la souffrance est nécessaire pour mieux appréhender la dynamique des relations humaines, car cette souffrance s'installe et se perpétue de manière spécifique. Lorsqu'on ajoute à cela les différences entre l'homme et la femme, il devient plus facile de mesurer l'étendue des désaccords possibles.

Nous sommes ici dans le domaine de l'universel, c'est-à-dire dans celui des modes de négociation que chacun utilise, plus ou moins consciemment et plus ou moins ouvertement, pour trouver sa place parmi ses semblables.

Toute relation se construit à deux

D'abord, une mise au point, plus théorique qu'immédiatement concrète, mais elle paraît indispensable, surtout à propos des couples.

Lorsqu'un type de relation se construit entre deux personnes, entre deux instances, entre deux fonctions, c'est le partage égalitaire de la tâche qui prévaut et qui s'impose. Autrement dit, chacun des deux protagonistes participe d'égale façon à la construction et à la définition de cette relation. Tout se partage ici, même ce qui semble le plus intime et le plus obscur. Tout se joue dans la complicité, même ce qui génère de la souffrance et, paradoxalement, de l'incompréhension. On peut ainsi parfaitement être tous deux en accord pour ne pas être… en accord.

Ainsi, la violence ne se déclenche-t-elle pas sans la provocation, la séduction est toujours réciproque, tout comme la protection. Toute forme de relation, quelle qu'elle soit, est le résultat d'un accord tacite entre les intéressés, entre les deux protagonistes. Chacun amène ses propres compétences dans une même construction et dans la poursuite d'un même but. Ces compétences sont complémentaires et participent, dans le couple, au choix du conjoint ou de la conjointe.

Cette construction n'a pas besoin d'être consciente pour être efficace. Elle se met en place dans le cours logique d'une relation parce que chacun a *également* choisi l'autre dans la complémentarité de cette même tâche. Bien évidemment, il n'est pas rare que l'un des deux semble plus « fautif » ou plus « responsable » que l'autre, dans le sens où il paraît plus actif dans la définition des rôles. Il risque de devenir le bouc émissaire apparent, plus ou moins volontaire, de la souffrance qui s'installe alors dans le couple.

Pour le thérapeute de couple, il ne peut y avoir qu'une profonde égalité et une réelle parité entre les deux membres de ce couple quant à la participation effective de chaque protagoniste dans la construction de la relation qu'il peut avoir à décoder et, éventuellement, à corriger. À propos de l'absence des époux ou des compagnons, j'ai ainsi nettement tendance à renvoyer dos à dos les hommes et les femmes, les uns et les autres. Ils et elles participent, avec une égale importance et une même débauche d'énergie, à une même logique où les unes ont tendance à exclure, à rejeter ou à disqualifier, alors que les autres s'autoexcluent ou se placent manifestement dans l'incompétence et la fuite.

Deux points méritent d'être soulignés. Le premier est que les enfants de ces couples risquent, en s'appuyant sur le modèle parental, de reconduire d'une génération à une autre le même type de lien et, éventuellement, le même type de souffrance. Il y a beaucoup de choses qui se reproduisent dans le couple ! L'autre point, qui découle du premier, est que chacun a le sentiment d'« avoir raison » dans sa propre logique et dans la justesse de sa vision. Chacun s'engage dans la relation conjugale en amenant avec lui ses croyances et ses représentations. Elles semblent ultimes et définitives. En fait, ces croyances et ces représentations ne sont que le reflet d'une culture familiale spécifique.

Il s'agira ici d'aller au-delà des explications les plus simples comme, par exemple, celle qui voudrait que la femme prenne sa revanche sur l'homme et venge toutes ses devancières, lesquelles sont réputées avoir subi le joug de nombreuses générations de mâles tous plus insupportables et plus odieux les uns que les autres.

Ce qui caractérise notre époque est la rapidité des changements qui s'imposent aussi bien dans le domaine technique et scientifique qu'en ce qui concerne l'évolution des modèles sociaux. Pour ce qui nous concerne ici, cette évolution s'est faite depuis la fin de la Seconde Guerre mondiale, sur près de deux générations. Au milieu des bouleversements économiques, non seulement les rapports sociaux ont évolué mais, plus intimement, les liens humains se sont diversifiés. C'est ce que nous avons vu jusqu'à présent. Il s'agit maintenant d'aller plus loin, dans l'intimité relationnelle de chaque couple.

Les trois liens de souffrance

Il est toujours possible de décrire la souffrance en termes relationnels. Trois types de relations, que nous allons maintenant passer en revue, illustrent et engendrent la grande majorité de ces situations de souffrance. Ils se retrouvent dans le couple comme dans n'importe quel contexte relationnel et donc dans n'importe quel groupe humain. Nous verrons que ces liens sont à la fois très répandus, souvent incontournables et même parfois utiles. Chacun pourra s'y retrouver d'une façon ou d'une autre.

La souffrance apparaît lorsqu'un seul de ces liens s'impose et donc efface et recouvre tous les autres. Une seule définition résume alors la complexité de ce qui peut constituer une relation. En fait, ceci montre bien que c'est la répétition qui crée la souffrance, car elle appauvrit et enferme le lien dans un mécanisme qui ne fait que s'autoentretenir. Chacun crée, sans le savoir et sans le vouloir, les conditions qui le confortent dans ses croyances à propos de l'autre. Chacun construit les conditions qui lui permettent de continuer à penser que l'autre est vraiment incapable de le comprendre et d'améliorer, précisément, la relation.

Il existe cependant des possibilités de passage entre l'une ou l'autre de ces formes de souffrance qui n'ont que les limites qu'impose un exposé théorique.

Chacun pourra facilement y songer au fur et à mesure de la lecture de ce qui suit.

La protection mutuelle

La protection est banale dans les liens humains, elle est même souvent souhaitable, car elle assure, en grande partie, le lien social. Elle apporte une cohérence et une solidarité qui agrègent les membres d'une même communauté. Deux caractéristiques méritent d'être mentionnées à son sujet : cette protection est toujours mutuelle, elle est également à la fois ouverte et cachée.

La protection correspond à un échange. Autrement dit, on ne donne de la protection que si on en reçoit ; on en reçoit et cela permet d'en donner. La protection n'est jamais simplement un don fait à l'autre ; d'une certaine façon, elle est toujours « intéressée », elle n'est pas gratuite. C'est une grande naïveté que de le croire ou de feindre d'y croire. On ne donne que si on espère « quelque chose » en retour comme, par exemple, *a minima* de la bonne conscience. Cela n'est possible que dans la mesure où la protection reçue n'est pas de même nature que celle qui est donnée.

La principale différence entre les deux termes de cet échange est que la protection que l'un donne à l'autre est beaucoup plus apparente que celle que le second apporte au premier. L'une est officielle et ouverte, l'autre est clandestine et cachée. La première se définit socialement, en ce sens elle est « normale » et même nécessaire ; la seconde concerne plus directement l'intimité de la relation, elle peut paraître surprenante et illogique. Ce qui est souvent le cas lorsqu'elle est dénoncée, par exemple, à l'occasion d'une psychothérapie familiale.

Ainsi il est « normal » que les parents protègent leur enfant, mais il n'est pas rare qu'en retour, par les problèmes qu'il peut poser, ce dernier « protège » le couple parental. D'une certaine façon, il se sacrifie alors pour ses parents ce qui peut paraître, bien évidemment, assez choquant. Cette protection de l'enfant pour ses parents peut se faire dans la volonté, quelquefois tout à fait consciente, d'écarter toute éventualité de séparation et de divorce. En ce cas, l'enfant comprend mieux la dynamique du couple parental que les parents ne comprennent la sollicitude que leur voue leur progéniture. Il faut donc connaître avec précision les interactions du couple, comme chaque enfant est capable de le faire, pour appréhender la subtilité de cet échange de bons procédés entre les deux générations.

Dans le couple, le modèle classique codifie la protection, essentiellement sociale et économique, que l'homme apporte à la femme. En retour l'épouse est supposée apporter la stabilité affective, c'est-à-dire la fidélité et l'attention portée aux enfants. Cette protection, à l'évidence mutuelle, était officialisée par les liens du mariage, d'où découlaient spécifiquement les obligations qui y sont rattachées. Ce modèle avait l'avantage d'être clair et correspondait à un fonctionnement social bien spécifique, à une conception de la société et des liens d'échange entre l'homme et la femme.

Il est évident que ce modèle est mis à mal par les évolutions sociologiques et socioculturelles qui se sont imposées depuis quelques décennies. Autrement dit, l'échange de protection a sensiblement changé de nature. Il n'est plus rigidifié par le modèle conjugal mais, tout au contraire, assoupli par des changements qui en rendent la pratique bien plus « inventive » et donc bien plus instable. L'évolution actuelle des couples se joue également à ce niveau-là, c'est-à-dire dans l'obligation nouvelle d'inventer d'autres formes de protection réciproque.

Pour en revenir à des enjeux plus généraux, il me faut préciser que la protection mutuelle comporte un grand risque : celui de l'enfermement et de l'enkystement. Le couple, puisqu'il s'agit donc de lui, peut facilement se recroqueviller sur lui-même, dans un confort d'autant plus trompeur qu'il donne l'apparence d'une harmonie idéale. Les liens avec l'extérieur deviennent inutiles, puisque le couple devient autosuffisant. Chacun est tout pour l'autre puisque l'essentiel et le plus réconfortant — la protection — est assuré. L'égalité absolue semble prévaloir dans les échanges entre l'homme et la femme, qui aboutissent alors à un appauvrissement, car ils se font toujours, à un moment ou à un autre, au détriment de l'un des deux protagonistes, pour lequel le réveil peut être brutal, et, quelquefois violent.

À l'extrême, le couple qui se définit exclusivement dans la protection mutuelle répond à la définition suivante : « Dans le couple, l'homme et la femme ne font plus qu'un… oui, mais lequel ! » ; définition à la fois rassurante et inquiétante. De l'extérieur, le couple peut sembler parfait alors que, de l'intérieur, une certaine violence s'impose. Il s'agit en fait d'un processus de cannibalisation conjugale parfaitement toléré et même légalisé par la société.

L'un ingère et digère l'autre, qui prend le risque de perdre l'essentiel de sa personnalité en acceptant insensiblement d'abandonner son identité pour se fondre dans celle de son compagnon ou de sa compagne. Il me semble d'ailleurs que l'homme, plus souvent que la femme, a facilement tendance à disparaître dans cette cuisine intime. Les femmes sont plus « enveloppantes » que les hommes, elles savent bien gagner un territoire supplémentaire en envahissant celui de leurs proches.

Dans ces situations-là, il n'est pas rare qu'aucune place ne soit disponible pour un et à plus forte raison pour plusieurs enfants. Le couple se suffit alors à lui-même. Chacun joue pour l'autre tous les rôles, non seulement les rôles de parent et d'enfant, nous y reviendrons longuement, mais également les rôles de frère et de sœur. L'enkystement aboutit donc clairement à un appauvrissement, car le couple n'éprouve aucune autre ambition que celle de se perpétuer lui-même, toute velléité de parentage est vite écartée et oubliée. Ils ne sont que fusionnels.

Notre société peut offrir à ces couples de nombreuses raisons pour ne pas avoir d'enfant(s), entre les craintes écologiques et le développement des loisirs en passant par la peur du chômage. Une certaine aisance matérielle les conforte dans cette autosuffisance, ils peuvent ainsi plus facilement se refermer sur eux-mêmes.

L'incompétence et la prématurité

À tout rôle et à toute fonction sociale correspond un ensemble de compétences. Lorsqu'une personne n'a pas la compétence de son rôle ou de sa fonction, une autre aura tendance à y suppléer. Elle va s'approprier, plus ou moins clairement et plus ou moins rapidement, tout ou partie des prérogatives de la première. C'est ainsi que s'installe ce que j'appelle la prématurité, c'est-à-dire le fait d'avoir à développer des capacités qui ne correspondent pas à un rôle initialement défini. Cette double logique peut très vite s'installer dans le couple.

Il est par ailleurs très facile de se rendre soi-même incompétent ou de rendre l'autre incompétent. Il peut ainsi exister une véritable dépendance vis-à-vis de l'incompétence de l'autre, qui permet de penser qu'on est soi-même compétent — ce qui peut être très utile. Que cette incompétence soit revendiquée d'un côté ou attribuée d'un autre côté, le résultat est le même : une place est à prendre et c'est ce qui importe ici.

L'installation de cette logique dans le couple trouve son origine dans le fait que chaque adulte est constamment obligé de passer d'un lien de couple à un lien de parent. Tout se passe comme s'il s'agissait de se définir à la fois par rapport à un autre adulte, dans la conjugalité, et par rapport à un ou plusieurs enfants, dans la parentalité. La relation conjugale horizontalise les liens, la relation parentale les verticalise.

Ces deux types de tâches ne sont pas de même nature et supposent des « qualités » et des compétences très différentes des unes des autres ; elles peuvent même paraître opposées selon leurs finalités. D'un côté la parité, de l'autre la hiérarchie. Certains sont plus à l'aise en tant que membre d'un couple, d'autres ont besoin de la dépendance des enfants. Il est dont facile de se sentir incompétent, ou d'être considéré comme étant incompétent, dans l'une ou autre de ces deux orientations.

Paradoxalement, l'incompétence de l'un et de l'autre dans le couple assure la stabilité du couple, car elle permet à celui ou à celle qui l'« assume » de déléguer à l'autre tout ou partie de certaines de ses prérogatives. Cet autre y trouve l'occasion et la possibilité d'exercer un pouvoir, donc d'être le seul à montrer une compétence spécifique. Là également, dans la conception classique du couple, ces pouvoirs équilibraient l'emprise mutuelle. L'interdépendance pouvait ainsi s'installer et se perpétuer en fortifiant « naturellement » le lien.

Par exemple, la femme était réputée ne pas être en mesure d'assurer le bien-être matériel de la famille, alors que l'homme ne pouvait rivaliser avec elle pour tout ce qui concernait la dimension affective de leurs relations, notamment par rapport aux enfants. À lui d'assumer les relations avec l'extérieur, notamment au niveau professionnel, à elle de se charger de la maisonnée et des soins à prodiguer à la nouvelle génération. Cet « équilibre », fondé sur des incompétences mutuellement rééquilibrées, prévalait donc jusqu'à une époque toute récente.

Il a essentiellement été remis en question par les femmes. Non seulement elles sont devenues bien plus compétentes, notamment dans le domaine professionnel, mais elles ont de nouvelles exigences envers les hommes. C'est ce qui fait que ceux-ci sont maintenant facilement « pétérisables » et « pétérisés[1] » par les femmes. Nous y reviendrons largement.

Bouc émissaire et victime

Lorsqu'un problème se pose dans un groupe ou lorsqu'un individu n'est pas à même d'assumer ses propres responsabilités, la désignation d'un bouc émissaire permet de reporter sur un individu, ou sur un autre, la responsabilité du problème ou la cause de la faute commise. Ce mécanisme, que chacun sait très banal,

1. Néologisme formé à partir du nom propre « Peter » et du principe de Peter selon lequel, dans les structures hiérarchisées et pyramidales, chacun a tendance, avec le temps, à s'approcher de son niveau d'incompétence.

permet au groupe, ou au responsable du groupe, de ne pas se remettre en question et de prolonger le même type de comportement. En ce sens, le bouc émissaire permet la continuité dans le non-changement. Il est, d'une certaine façon, un facteur d'équilibre.

Dans le couple, ou la famille, comme dans n'importe quel groupe humain, chacun est soumis au risque d'avoir à jouer ce rôle, aussi bien en ce qui concerne les adultes qu'en ce qui concerne les enfants. Selon René Girard, ce processus de victimisation ou, si l'on préfère, de bouc-émissairisation, n'est pas loin d'être universel car il est inhérent au désir, lui-même universel, d'être l'autre.

Dans le couple classique, cette victimisation était bien sûr plus facilement celle de la femme que celle de l'homme. Tout concourait à la désigner comme une bonne candidate pour être la victime de l'homme. Il était évident qu'elle paraissait plus fragile physiquement et émotionnellement, ce qui est loin d'être le cas. Personne ne peut sérieusement l'affirmer de nos jours. Sa dépendance matérielle était également un bon argument, elle la soumettait socialement à son compagnon.

L'exemple même de « la » bouc émissaire[1] parfaite, celui de la sorcière, a porté sur ses épaules toutes les crises et toutes les angoisses de la société occidentale et très chrétienne, entre le XIIIe et le XVIIe siècle. Des changements économiques aux épidémies de peste en passant par les bouleversements religieux, elle a été le paratonnerre qui a dû assumer ce qui ne pouvait qu'être les œuvres du diable. Tout changement culturel ou social, surtout s'il est brutal ou subit, met rapide-

1. Il est surprenant que ce terme n'ait pas été féminisé. Il faudrait alors pouvoir dire la « chèvre émissaire ».

ment en route cette logique de violence. C'était donc une femme, riche ou pauvre, jeune ou âgée, belle ou repoussante ; elle pouvait être l'épouse, l'étrangère, la maîtresse, la voisine ou la belle-mère. Toutes les femmes étaient des sorcières en puissance.

L'homme tend de plus en plus à la remplacer dans ce rôle. Il devient facilement incompétent, notamment dans des domaines qui touchent à la vie conjugale et parentale, en tant que mari ou en tant que père. Le rôle de bouc émissaire n'est certes pas enviable, même s'il semble parfois s'y complaire. L'homme se retrouve maintenant dans cette logique, ce qui est nouveau pour lui.

La souffrance de l'homme

Dans ces trois types de relations de souffrance, l'homme est de plus en plus vulnérable, il risque d'y « entrer » plus facilement qu'il y a quelques dizaines d'années. Autrement dit, il devient de plus en plus fragile, donc susceptible d'être protégé et de moins en moins capable de relever tous les défis d'une société qui a évolué vers une complexité grandissante. Son incompétence lui devient de plus en plus manifeste.

Parmi tous les hommes que j'ai l'occasion de rencontrer dans mon cabinet, beaucoup s'exclament, avec découragement et quelquefois avec colère, à un moment ou à un autre de la psychothérapie : « J'ai l'impression de subir de toutes parts une telle pression ! », ou encore : « Je ne me sens pas capable de tout faire ! » Ils préfèrent choisir leurs défis et n'aiment pas les subir. Ils sentent cette pression s'exercer, bien sûr, dans leur vie professionnelle mais également, ce qui est nouveau pour eux, dans leur vie familiale et conjugale. Leur patron bénéficie, en quelque sorte, d'une espèce de priorité pour être celui qui leur pose des problèmes et qui leur demande d'aller sans cesse au-delà de leurs capacités et de leurs possibilités. Ils ont l'impression que réussir professionnellement est déjà tellement difficile et qu'il leur est impossible d'être « bons » partout et même ailleurs.

Cet ailleurs, c'est-à-dire leur domicile, leur semble devoir échapper à cette logique de la compétitivité et de la performance. Ils cherchent à y trouver calme et délassement, si possible devant leur poste de télévision ou face à leur ordinateur. Ils espèrent recueillir chez eux les fruits de leurs efforts, non plus le repos du guerrier mais celui du travailleur. Cela signifie qu'il leur est évident d'être les seuls travailleurs de la maison. Donc, dans ce domicile, ils déclarent clairement forfait. Ils en veulent même parfois à leur compagne, et à leurs enfants, de leur imposer des demandes et des contraintes. Il leur semble que le monde entier, ce qui fait beaucoup, exige d'eux de produire des efforts pour lesquels ils ne se sentent pas prêts. Ils se disent être en *overdose* de hiérarchie.

Les hommes ne sont pas foncièrement plus fragiles que les femmes. Simplement, ils se trouvent confrontés à des tâches tout à fait nouvelles pour lesquelles ils ne se sentent pas préparés et même clairement incompétents. Ils ont parfois le sentiment de subir un harcèlement moral et affectif qui leur donne souvent l'envie de fuir leur domicile, afin de mieux échapper à des pressions qui leur paraissent insupportables. Ils deviennent alors des surmenés de la relation qui préfèrent se confronter, à la limite, à leur travail qu'à leur famille, à leur patron qu'à leur épouse. Il arrive même que certains l'annoncent clairement.

Ces hommes ne peuvent plus ou ne veulent plus, selon les moments et selon les cas, assumer toutes les obligations d'efficacité, de présence et de pertinence dans lesquelles ils se sentent piégés. Ils sont les victimes les plus immédiates de l'exigence de bonheur qui est devenue celle des couples. Ils refusent ce défi, découragés par des tâches qui leur semblent dépasser leurs limites.

C'est ainsi que peuvent s'ouvrir, face à eux, les trois possibilités relationnelles qui viennent d'être décrites. Dans certains cas, ils deviennent les boucs émissaires de la souffrance conjugale et familiale, ceux par qui le scandale arrive, ceux qui désertent leur domicile en acceptant d'être accaparés par leur travail. Dans d'autres cas, ils reconnaissent ouvertement leur incompétence et délèguent à leur femme, et accessoirement au thérapeute conjugal, la conduite de leur couple et de leur famille. Il leur arrive enfin de se réfugier dans une demande massive de protection en devenant un autre fils pour leurs épouses, parmi leurs autres enfants, ce que celles-ci acceptent parfois avec empressement.

Le paradoxe de la spontanéité

La spontanéité est ce qui permet au lien, à travers les prises de position de chacun, d'être plus « efficace » et plus vivant. Cette « qualité » est d'autant plus recherchée qu'elle est réputée montrer et prouver la sincérité et la véracité de n'importe quel lien. Sincérité et véracité sont elles-mêmes les deux garantes de l'authenticité de la relation. Par exemple, nous sommes facilement « touchés » et attendris par la spontanéité des enfants, qui nous semble elle-même attachée à leur innocence, voire à leur naïveté. Une personne spontanée montre qu'elle ne cherche pas à tricher, à déformer ou à dissimuler tout ou partie de ses sentiments. Elle est donc en quelque sorte « directe » et, surtout, n'a pas besoin qu'on lui explique certaines choses pour qu'elle les comprenne.

Prenons un couple en difficulté. Comme je l'ai déjà mentionné, c'est très généralement la femme qui s'en inquiète et qui tire la sonnette d'alarme. Elle « provoquera » donc le recours à la psychothérapie avec des moyens plus ou moins contraignants, après avoir accepté quelquefois d'attendre de nombreuses années. Dans le meilleur des cas, l'homme vient à reculons, vaguement hostile à cette démarche en même temps que très réservé envers le psychothérapeute, surtout s'il s'agit d'un homme.

La femme ne manque pas de griefs envers son compagnon, qu'il aura tendance à banaliser et même à rejeter. Il se réfugie facilement derrière un emploi du temps professionnel surchargé et surtout la nécessité de se plier aux dures lois du marché du travail et à la férule de son patron. Il reste donc, ce qui n'est pas une surprise, dans le modèle classique d'une partition des rôles conjugaux : elle s'occupe des enfants et il a la charge de subvenir aux besoins matériels de la famille et du couple.

La femme est ailleurs, dans un modèle qu'elle invente sans que les hommes en aient vraiment toujours conscience. Mais, en acceptant ce premier rendez-vous, l'homme est au pied du mur. Il découvre brutalement une autre femme, même s'il la côtoie depuis de nombreuses années. Il comprend qu'elle en « veut » bien plus. Elle manifeste, parfois bruyamment, d'autres besoins et d'autres attentes : elle veut un homme qui s'occupe d'elle en même temps que des enfants, des loisirs, des sorties et aussi… de sa sexualité.

C'est pour cette raison qu'elle se présente à ce premier rendez-vous — lorsqu'elle a réussi à l'obtenir —

avec une masse de reproches et de récriminations dont elle ne manque pas de se servir. À l'évidence, elle attend de lui qu'il change sensiblement sa façon d'être et d'agir envers elle. Elle veut en quelque sorte un autre homme, lequel semble parfaitement se satisfaire de sa femme. Il n'est pas rare qu'une menace de divorce, parfois clairement énoncée, vienne appuyer les revendications de l'épouse. De son côté, l'homme donne le sentiment de s'effondrer sous cette avalanche de demandes, de désirs et d'attentes, avec un sentiment d'impuissance qu'il cache souvent difficilement.

Quelques semaines ou quelques mois plus tard, le couple est encore là. L'homme a entendu tout ce que sa femme a pu dire, il a même écouté puisqu'il en a tenu compte. Surtout, il n'a pas envie d'une séparation ou d'un divorce même s'il ne le dit pas ouvertement, sa fierté et son orgueil l'en empêchent. Le mari trouverait d'ailleurs cette « solution » à la fois tout à fait injuste et insupportable. Cela apporterait beaucoup plus de problèmes que cela en résoudrait. Cet homme y voit une attitude de fuite de la part de sa femme, ce qui ne manque pas de l'étonner. Il considère qu'il vaut donc mieux se battre pour conserver le couple. Il est même possible que, pour une fois, le père pense aux enfants.

Monsieur est donc prêt à se remettre en cause, c'est même ce qu'il a fait depuis quelque temps. Il est tout à fait capable de décrire très précisément tout ce qu'il a changé, dans sa façon d'agir à la maison aussi bien envers sa femme qu'envers les enfants. La relation de cet homme avec son travail s'est transformée, il a peut-être même refusé une promotion ou décliné une offre plus intéressante mais plus prenante. Il a donc visiblement pris toute la mesure de la situation et s'est donné les moyens de répondre aux attentes de sa femme tout en cherchant à ne pas perdre la face.

Cet homme est sincère parce que, encore une fois, il a peur même s'il n'est pas prêt à se l'avouer ou à le reconnaître devant elle. Bien sûr, il imagine qu'au bout d'un certain temps les choses redeviendront comme auparavant, ou à peu de chose près. Il est sincèrement partagé entre le fait d'être persuadé de la nécessité de changements importants et l'envie de pouvoir se reposer sur une situation conjugale et familiale stable et acquise. C'est à ce moment-là qu'intervient un mécanisme nouveau et redoutable, ce que j'appelle l'« arme de la spontanéité ».

Et cette arme, assez fréquemment, c'est la femme qui va dans cette situation l'utiliser. Elle le fait non pas parce qu'elle est femme, ce n'est pas une arme qui lui est spécifique. Simplement, elle se trouve beaucoup plus facilement que l'homme en situation de le faire. Comme elle prend souvent l'initiative de la demande de changements, cette réaction lui est familière.

Dans l'exemple de notre couple, la femme aura tendance à ne pas reconnaître les changements que son mari a acceptés et finalement mis en place. Pour elle, ils ne sont pas valables, pas intéressants, car, dit-elle, ils ne sont pas spontanés ! Le mot est lâché, l'arme est utilisée. Cet argument est des plus redoutables, parce qu'il est irréfutable. Elle le sait bien et c'est pour cela qu'elle l'utilise. Il s'en rend bien compte, ce qui ne manque pas de provoquer soit sa colère soit son découragement, ou les deux à la fois.

En fait, la femme met l'homme devant ce qu'on appelle un double lien, c'est-à-dire une alternative où l'on est perdant quelle que soit la réaction. En effet, ne rien changer n'est sûrement pas une bonne chose, mais changer s'avère également être un mauvais choix. Dans l'un et l'autre cas, il s'est trompé, il est pris en défaut. Ce qu'il supporte difficilement — même s'il n'est pas en mesure de mettre le terme de « double lien » sur ce qui se produit — c'est que sa femme reste seule juge de ce qui se joue dans son couple. Elle reste extérieure à ce couple, dans une position qui la déresponsabilise totalement.

En utilisant cette arme de la spontanéité, cette femme a en même temps raison et tort. Elle a raison, car nous sommes dans le cadre d'une psychothérapie — un contexte très artificiel qu'elle a cherché elle-même à construire en provoquant ces rencontres. Elle aurait préféré ne pas avoir besoin de ce recours et que tout cela se fasse à la maison entre eux, sans la présence d'un étranger. Mais en demandant l'intervention d'un tiers elle exclut bien évidemment toute possibilité de changement spontané. Son mari ne peut que réagir à ce contexte. S'il avait réagi précédemment, ils ne seraient pas là, face au thérapeute.

Elle a également tort car cet homme, en acceptant lui-même la règle du jeu, se condamne à être « artificiel », c'est-à-dire non spontané. De plus, comme dans toute relation, chacun dans le couple a besoin de recevoir de la reconnaissance lorsqu'il fait quelque chose. C'est le cas ici de son mari, qui ne comprend pas qu'elle rejette ainsi, aussi facilement et quelquefois aussi violemment, ce qu'elle a recherché et souhaité. Elle ne reconnaît donc pas la validité du processus qu'elle a voulu mettre en place.

Cette femme est en contradiction avec elle-même : en demandant à son époux de changer, elle montre qu'il y a encore quelque chose à faire. Elle montre également qu'elle le croit capable de le comprendre et, surtout, de mettre en place tout ce qui est nécessaire. Mais en refusant ainsi ce qu'il fait, en réponse à ses propres attentes, elle semble croire qu'en fait il est trop tard. Encore une fois, ce qu'elle montre surtout ainsi, c'est qu'elle veut rester la maîtresse du jeu conjugal. Accessoirement, cette femme garde également une mainmise sur le cadre de la psychothérapie.

Ceci montre bien que tout est moins simple qu'il n'y paraît. Il ne suffit pas de changer les faits dans leur réalité la plus immédiate et la plus concrète, il faut également changer l'état d'esprit de chaque personne impliquée dans la situation en question. Ce n'est donc pas seulement l'homme qui doit changer, mais également la femme. Notre couple quitte donc officiellement le territoire de la spontanéité ; il ne peut s'y trouver, de toute façon, dans le contexte d'une psychothérapie. Il rentre donc maintenant, tout aussi officiellement, dans le territoire beaucoup moins agréable des règlements de compte.

L'homme éprouve le sentiment de s'être « fait avoir » et piéger par son épouse et, éventuellement par le psychothérapeute. Pour lui, il est évident qu'il ne reçoit pas la reconnaissance qu'il pensait pouvoir espérer en retour de ses efforts. La femme comprend alors qu'elle en veut beaucoup plus à son mari qu'elle ne le pensait jusque-là. Elle se rend compte qu'elle-même, depuis très longtemps, n'a pas eu la reconnaissance qu'elle attendait de lui. C'est bien parce qu'elle n'a pas, ou n'a plus, le sentiment d'exister à ses yeux, qu'elle éprouve beaucoup de difficultés à lui donner le regard qu'il attend maintenant d'elle. L'un et l'autre ont oublié l'importance de la reconnaissance dans n'importe quel couple.

Le thérapeute doit alors déployer beaucoup de diplomatie pour remettre tous les wagons sur les mêmes rails. En effet, chacun tend à se replier sur un ressentiment qui ne fait que grandir dans le contexte même de la psychothérapie, ce qui peut leur paraître paradoxal. On peut comprendre que le découragement n'est pas très loin. Le plus grand risque est alors l'abandon par l'un des deux, ou par les deux, du travail de changement qui n'en est qu'à ses débuts. L'homme doit accepter d'aller au-delà de simples efforts dans le quotidien pour (ré)apprendre à donner de la considération à son épouse ; la femme doit accepter d'entrer elle-même dans la psychothérapie pour (ré)apprendre à l'impliquer effectivement dans sa propre vie.

Le territoire et le défi

À l'évidence l'homme et la femme diffèrent l'un de l'autre. Pour mieux comprendre ce qui non seulement les différencie mais également les sépare il nous faut mieux appréhender les caractéristiques que chacun déploie dans cet espace, finalement assez étrange, que constituent le couple et la famille.

Ces différences sont bien sûr nombreuses et variées. Je n'en retiendrai qu'une, qui me paraît importante et me semble expliquer une grande partie des désaccords et des conflits qui peuvent s'installer avec le temps dans les couples actuels. Cette différence est que la femme se définit plus facilement dans l'occupation de l'espace et du temps alors que l'homme, de son côté, se complaît davantage dans ce que j'appellerai ici le besoin de défis.

La femme est bien plus soucieuse que l'homme de la qualité de la relation, ou des relations, qui se constitue dans le couple ou dans la famille. Elle conçoit ce couple ou cette famille comme un espace qu'il s'agit d'« optimiser » sans cesse. Pour elle, la relation évolue constamment et peut donc se dégrader très facilement et très rapidement, ce dont elle est bien plus consciente que son compagnon. Elle considère, plus facilement que l'homme, que rien n'est jamais acquis dans le domaine de sa vie affective, comme en bien d'autres lieux. Mais c'est surtout celui-là qui peut la préoccuper.

La femme vit le quotidien du couple comme un champ relationnel où tout est — et doit être perfectible. C'est ce qui fait qu'elle peut être très patiente tout en ayant, bien évidemment, ses propres limites qu'elle peut longtemps chercher à ignorer. De même, elle se place tout autant dans le passé, dans le présent ou dans le futur et se déplace sans cesse entre ces trois éléments. Elle voit en l'avenir une valeur qu'il s'agit d'intégrer sans cesse dans ses prises de position. Ses propres rythmes biologiques lui donnent le sentiment d'être constamment rappelée à l'ordre temporel.

Ainsi la femme est tout autant dans l'espace que dans le temps. Elle est dans la continuité et donc dans la possession. Elle « territorialise » facilement ses relations avec les autres pour en faire un lieu qui puisse être en constante évolution. C'est une coureuse de fond : elle privilégie l'endurance et l'obstination.

L'homme n'a pas la même approche. Le temps et l'espace ne sont pas toujours au centre de ses préoccupations et ils n'exercent pas sur lui la même emprise que sur sa compagne. Il est facilement ailleurs et la femme le sent bien. Cet ailleurs se résume à une liste, plus ou moins longue mais sans cesse renouvelée, de nouveaux défis. La confrontation lui donne le sentiment d'exister et de se développer. Ce sont les raisons pour lesquelles il n'accepte pas facilement de s'en priver.

Il passe de l'un à l'autre défi aussi rapidement que possible et en cherchant à en rehausser constamment le niveau, c'est ce qui lui donne le sentiment d'avancer. Il aime ce qui bouge et ce qui le dérange. Ces défis concernent essentiellement sa vie professionnelle et quelquefois sa vie affective. Dans ce dernier cas, on dira de lui que c'est un « coureur ». Il faut alors préciser que c'est un coureur de 100 mètres, sa vision de l'objectif ou de la performance est à très court terme — et à très courte vue.

Une seule exception, mais elle est de taille : les seuls défis qu'il répugne à relever sont ceux qui concernent son rôle d'époux ou sa fonction de père. Il donne le sentiment de développer de grandes capacités qui lui permettent de les ignorer ou de les oublier. Ce sont pour lui des domaines où tout est acquis et où rien ne semble devoir être remis en question. Son couple ou sa famille sont des lieux pacifiés qui n'entrent plus dans une logique de conquête et encore moins de reconquête. Il y règne donc la paix et le consensus, c'est ce qu'il feint de croire. L'homme délègue à sa femme le rôle de ministre de l'intérieur alors qu'il conçoit son rôle comme étant celui d'un ministre des affaires étrangères.

Le thérapeute de couple est bien obligé de faire une autre constatation : ce n'est qu'au pied du mur que l'homme accepte de réagir. Celui-ci ne se mobilise que lorsque sa femme en arrive à utiliser une logique qui n'est pas loin de s'apparenter à un chantage. Elle n'a souvent pas d'autre moyen pour le persuader de la prendre enfin au sérieux. Il est vrai que, dans la plupart des cas, l'homme a nettement tendance à « traiter » tout ce qui concerne le couple et la famille comme un dossier professionnel.

Les relations se construisent sur trois générations

C'est devenu maintenant une banalité que de faire cette constatation. Nous avons tous une histoire que notre existence, essentiellement urbaine, tend à effacer et à nier. Nos liens s'y vivent essentiellement sur deux générations alors que la troisième, celle des grands-parents, est souvent enfermée dans les lieux d'exclusion que sont les maisons de retraite, plus ou moins médicalisées. En certains lieux, seuls les adultes acceptent de coexister entre eux, excluant les enfants jugés trop bruyants ou trop imprévisibles. Les générations vivent coupées les unes des autres, en même temps que l'histoire et la culture familiale se morcellent et s'appauvrissent.

Pourtant, il est impossible de chercher à comprendre, et éventuellement à corriger, la construction des liens conjugaux et familiaux sans nous référer à cette histoire. Malgré cet éloignement et ces ruptures, la dimension transgénérationnelle de nos choix de vie reste très « efficace ». Là aussi, l'augmentation de l'espérance de vie rend encore plus présent ce passé. Il reste immédiat et détermine en grande partie, directement ou indirectement, le devenir des générations suivantes.

En dehors de situations de crises aiguës, comme des guerres ou des déplacements massifs de population, tout se passe comme si nous avions tous besoin de rester dans des types de relations bien connus, même s'ils nous sont dommageables. L'expérience de nos ascendants subsiste, nous avons tendance à l'intérioriser et elle nous détermine. Ces relations correspondent donc à des apprentissages qui semblent se suffire à eux-mêmes. Nous en restons, tout simplement, à ce que nous savons faire sans chercher à vivre, nécessairement, d'autres expériences. Ce n'est visiblement pas l'inventivité qui prévaut dans ce domaine. L'influence et la pertinence de ces modèles se font essentiellement sentir à trois occasions de la vie du couple et de la famille.

Le choix du conjoint ou de la conjointe se fait en grande partie, de part et d'autre, en fonction de l'image du couple parental. Nous avons tous tendance à y trouver un modèle, plus ou moins consciemment, soit dans la reproduction soit dans le rejet. Dans l'un et l'autre cas, la référence reste la même, elle est toujours aussi puissante ; en « creux » ou en « plein » la présence des parents est tout autant immédiate. Le hasard a ici peu de place malgré tout ce qu'on peut en dire et que l'on a envie de croire. En voici simplement deux exemples.

Une femme qui aura vécu toute son enfance et toute son adolescence auprès d'un père violent et dont sa mère est la victime aura tendance à « choisir » un époux violent dont elle risquera d'être également la victime. Elle va recréer ainsi le couple parental en étant parfaitement consciente des dégâts que cela peut causer auprès des enfants. Un homme qui aura vu son père dominé par sa mère aura tendance à se déterminer pour une femme qui aura la même attitude envers lui. Lui aussi revivra très immédiatement des sentiments identiques à ceux que son père aura pu vivre. Dans l'un et l'autre cas chacun peut éprouver le sentiment de rester libre dans ses choix. Ce n'est qu'avec le recul que peut permettre une crise éventuelle, que vont se manifester clairement ces analogies.

Les conditions de la naissance du ou des enfants se déterminent également, au moins en partie, en fonction de l'histoire familiale. Par exemple, il est fréquent de constater qu'une femme dont la mère aura eu un enfant hors mariage aura tendance à reproduire cette situation. Ici, ce sont les conditions de la maternité ou de la paternité qui se rejouent, sur le même scénario, d'une génération à une autre. Les enfants deviennent les otages de ce scénario, ils en sont les acteurs involontaires et les victimes potentielles, car ils prennent le risque, sans le savoir, d'avoir à répéter, ultérieurement, cette même logique.

Enfin, la durée du couple, et éventuellement les circonstances de sa séparation, subissent également la force de ce déterminisme. Les injonctions des parents quant à la capacité de leurs enfants à vivre la relation conjugale semblent rester vivaces pendant toute une vie. Par exemple, une femme peut vivre une suite d'échecs affectifs et conjugaux comme sa mère a pu les connaître dans des circonstances bien précises. J'ai vu une patiente qui s'était séparée deux fois de ses deux maris successifs alors qu'elle était enceinte de son deuxième enfant, exactement comme sa propre mère l'avait fait.

Ce poids du passé peut donc rester tout à fait occulté pendant des décennies. La répétition prend alors l'aspect, au demeurant très rassurant, du hasard ou de la facilité. Ces mécanismes peuvent devenir évidents et clairs à l'occasion d'une crise. Le premier temps d'une psychothérapie mettra parfois en exergue cette logique transgénérationnelle.

Donner et recevoir

En première analyse, il paraît évident que donner et recevoir constitue l'essence des relations humaines. Il paraît même encore plus évident que recevoir est bien plus agréable et bien plus intéressant que de donner. En fait, il n'en est rien ; ces deux propositions demandent à être discutées et précisées car elles ne correspondent qu'à une analyse très superficielle des interactions du quotidien. Ici comme toujours lorsqu'il est question de relations humaines, tout est bien plus complexe qu'on peut être tenté de le penser.

D'une part, échanger égalitairement est loin d'être la règle, même dans la promiscuité apparemment confortable des liens conjugaux. D'autre part, donner est bien plus intéressant que recevoir. Donner, c'est d'abord et avant tout rendre l'autre dépendant, c'est le mettre en dette ; recevoir, c'est donc se mettre dans la dépendance vis-à-vis de l'autre, c'est surtout rester redevable de quelque chose. Le don, dans sa dimension de gratuité, n'existe pas.

Dans l'intimité de n'importe quel couple, chacun organise bien évidemment ses liens avec l'autre selon ces deux termes de l'échange. Il est impossible de l'éviter. Mais il est tout autant impossible de ne pas constater que chacun cherche à gagner, et à garder, sur l'autre un certain avantage. Autrement dit, tout échange risque d'être facilement inégalitaire ; c'est l'ambition de chacun des deux protagonistes lorsqu'il s'agit d'un couple. Un échange est constamment mis en déséquilibre par l'un des deux, puis rééquilibré par l'autre avant d'être de nouveau déséquilibré par ce dernier.

Dans bien des situations, le pouvoir de l'un s'exerce sur l'autre dans l'avantage que procure la possibilité de donner un peu plus que ce qui est reçu. Ainsi, paradoxalement et souvent contre toute apparence, chacun cherche à donner un peu plus qu'il ne reçoit de l'autre. Le couple n'échappe donc pas à cette logique dans la mesure où, nous l'avons vu, la protection résume souvent les termes de l'échange. Donner assure également le pouvoir et, souvent, recevoir est très difficile pour l'un comme pour l'autre membre du couple. Il est bien plus difficile d'apprendre à recevoir qu'à donner.

Il n'est pas rare que, dans le lien conjugal, l'homme résume son acte de don à l'argent ou à la satisfaction des besoins élémentaires du couple et de la famille. Il pense ainsi « être quitte » et ne demande rien d'autre, en retour, qu'une certaine forme de liberté. Cette liberté s'exerce, nous l'avons vu, essentiellement, dans la poursuite et la réussite de défis sans cesse renouvelés. En retour la femme, dans la protection affective qu'elle donne, peut avoir le sentiment de gagner un autre type de liberté qui s'exerce dans le long terme, dans une planification du devenir du couple et de la famille.

Tout se passe alors comme s'il existait une espèce de rivalité pour que soit déterminé celui qui donne le plus, c'est-à-dire celui qui rend l'autre un peu plus dépendant qu'il ne l'est lui-même. Nous sommes donc loin d'une conception « classique » et apparente de l'échange…

L'impérieuse nécessité de contrôler la relation

Au risque de donner le sentiment de vouloir absolument traduire les relations humaines et conjugales sur un mode guerrier, il me paraît difficile d'éviter de définir *également* la relation et les interactions de ces couples en terme de contrôle, donc également de pouvoir. Nous venons d'en voir un exemple à propos de ce qui est donné et reçu dans les échanges quotidiens.

En effet, chacun tente d'exercer son pouvoir sur l'autre, sous une forme ou sous une autre. Il est même possible, dans une vision un peu cynique des relations interhumaines, d'y voir le but essentiel de notre activité de communication. Communiquer c'est chercher à prendre et à garder le pouvoir sur l'autre ou sur les autres.

Plus précisément le pouvoir, au sens relationnel du terme, n'est pas dans le fait de décider ce que fait l'autre, mais dans le fait de décider ce qu'est le contexte de la relation avec l'autre. Par exemple, une personne qui n'est pas capable de faire quelque chose exerce un pouvoir — qu'on appelle habituellement « position basse » — sur la ou les personnes qui tentent de lui apprendre à acquérir tel ou tel apprentissage. C'est le pouvoir du faible sur celui qui est supposé être « capable ».

Le couple et la famille ont toujours été des lieux de pouvoir, ce sont même les lieux de pouvoir les plus universellement partagés. Un des intérêts des mouvements féministes a été de le démontrer pour mieux dénoncer les formes de coercition les plus révoltantes. Il en est d'autres, bien plus subtiles et bien plus cachées, qui sont en quelque sorte de découverte récente. Il s'agit de tout ce qu'on regroupe sous le terme de harcèlement moral. En effet, les termes en même temps que les enjeux de ce pouvoir se sont maintenant déplacés et, d'une certaine façon, se sont complexifiés. Il faudrait invoquer ici, pour mieux éclairer cette évolution, les dimensions politiques, sociologiques, économiques et culturelles.

Cet exercice du pouvoir, dans l'espace à la fois intime et social qu'est le couple, se fait au travers de trois médias, de trois contextes différents mais bien spécifiques. Il y a d'abord la sexualité, lorsqu'elle existe, ensuite l'argent, ce qui est nouveau, et enfin le ou les enfants, lorsqu'il y en a. Nous aurons, bien évidemment, largement l'occasion de revenir sur ces trois formes de coercition dans le couple.

4

Les situations

Après avoir vu comment se construisent les relations, dans une plus ou moins grande souffrance, il nous faut maintenant passer en revue les différentes situations dans lesquelles ces relations prennent un sens nouveau dans notre société. Il sera donc d'abord question du couple, ce qui est inévitable, puis de la sexualité, qui mérite un développement particulier, avant de nous attacher aux relations parents-enfants, c'est-à-dire à l'exercice du parentage.

Ces trois territoires se complètent et se renvoient les uns aux autres. Ils participent de la même logique où les rôles respectifs de l'homme et de la femme sont soumis à de sensibles évolutions sans que nous en soyons toujours conscients.

Le couple

À tout seigneur, toute première place. C'est d'abord ici, bien évidemment, que ça se passe. Mon hypothèse de départ est la suivante : le lien de couple et les modèles relationnels qui lui correspondent, tels que nous avons pu les connaître jusqu'à présent, ont tendance à disparaître. Ils laissent place à un type de relation beaucoup plus lâche. Dans ce nouveau modèle, la reproduction n'est pas nécessairement liée à une sexualité régulière ou à une cohabitation, toutes deux contractualisées entre deux personnes. Il en résulte que la femme peut avoir un ou plusieurs enfants en dehors du mariage ou du concubinage, alors que l'homme peut retrouver une existence de nomade, non seulement dans sa vie affective mais également dans sa vie professionnelle. Tout se passe comme si chacun prenait une certaine liberté par rapport à l'autre.

Selon cette hypothèse, nous assisterions à une nomadisation de la société. Hommes et femmes retrouveraient ainsi l'anonymat dans la constitution de la filiation telle qu'elle prévalait avant que les hommes ne comprennent qu'ils y étaient pour quelque chose dans la paternité. Nous serions ici dans une version moderne de cet anonymat, dans la mesure où le lien biologique n'est pas ignoré mais contourné et court-circuité. Il s'agit là d'un phénomène auquel la médecine et les biosciences participent activement et même très activement.

La femme et l'homme rejoueraient leur partition personnelle, sans que cela corresponde nécessairement à un état de guerre entre les deux sexes. Plutôt un accord tacite qui permettrait à l'un et à l'autre de se définir selon des valeurs différentes qui restent complémentaires, au-delà de toute apparence. Chacun y trouve, ou y retrouve, son compte.

Derrière tout cela, comme toujours, la mort et donc l'immortalité, selon des partitions différentes pour l'homme et la femme. Face à la limite que constitue la mort, face à cette aporie qu'est l'éternité, l'homme aura plus facilement une attitude conciliante qui se traduit par un pacte, la femme aura plutôt tendance à les intégrer et à les intérioriser. C'est ce que nous allons voir maintenant.

Au fond de l'homme : Faust

L'homme, tout autant que la femme, entretient pour lui-même l'illusion de l'éternité. Leurs stratégies sont radicalement différentes. À l'évidence, pour y parvenir l'homme ne passe pas son temps à se maquiller, encore qu'il ait récemment commencé à le faire, mais uniquement pour oublier les traces de l'âge. En fait, il utilise une technique bien plus efficace et bien plus redoutable pour son entourage que le simple « ravalement de façade » : il se conduit comme un éternel adolescent.

Pour y parvenir, il va signer un pacte avec le diable ou ce qui en tient lieu actuellement. C'est bien ce que fait Faust qui est, bien évidemment, un homme. Mais dans notre monde actuel le diable n'est plus aussi présent qu'il y a quelques siècles encore. Où est-il donc pour l'homme actuel ? Essentiellement dans le développement de la technologie et son principal objet, c'est-à-dire l'affranchissement du temps.

Le bain de jouvence de l'homme n'est donc pas un produit cosmétique ou une quelconque potion magique. Il se plaît et se complaît à entretenir un état d'esprit où tout doit rester constamment possible, défiant ainsi toutes les contraintes que le temps ne manque pas d'imposer à ses rythmes biologiques, lesquels épuisent régulièrement la matière dont il est constitué. Peut-être parce qu'il meurt plus rapidement que sa compagne, l'homme se donne les moyens de ne pas avoir à affronter les réalités de l'âge.

Le pacte qu'est prêt à signer Faust ne lui apporte pas seulement l'éternelle jeunesse, ni même simplement l'éternité, mais, plus radicalement encore, la promesse de la disparition du temps. Einstein est passé par-là, qui nous a appris que le temps n'était pas une donnée immuable. La leçon a porté ses fruits, au-delà de toute rationalité, jusqu'à l'extinction totale de la dimension temporelle.

Porter le devenir de l'humanité

Pour la femme, sa relation avec la mort et l'éternité passe par d'autres stratégies que celles que l'homme cherche à mettre en place. Elle ne pactise pas avec quiconque d'extérieur à elle-même : elle intériorise, pour mieux augmenter son emprise sur l'autre. Nous l'avons vu, la femme est bien plus territoriale que l'homme. Elle vise à étendre son emprise et son empire sur son entourage plus ou moins immédiat par ingestion et inclusion plutôt que par annexion. Elle ne s'étend pas, elle englobe…

En effet, la femme est dans la possession, mais comme cette possession ne peut plus s'exercer, d'une façon ou d'une autre, sur l'homme, elle se fait sur l'enfant et sur l'enfance en général. Une stratégie médiane, entre l'absence totale et le rejet, consiste parfois à transformer l'homme en un enfant pour mieux s'en assurer le contrôle. Il ne manque pas d'hommes pour s'en satisfaire, dans un accord parfaitement mutuel tout autant que tacite.

Dans cette logique, la femme a tendance à s'approprier les mécanismes de la reproduction pour en rester la seule instigatrice et la seule architecte. L'accès à son éternité passe par l'exclusion de l'homme et la maîtrise de la sexualité. Elle est en mesure de porter en elle le devenir de l'humanité par opposition à l'homme qui se charge de la technicité. L'une et l'autre, humanité et technicité, s'opposent de plus en plus clairement dans une ligne de partage qui recoupe celle des deux sexes. Il en était de même il y a quelques années encore, lorsque la religion ritualisée, essentiellement masculine, s'était éloignée et démarquée de la spiritualité active ou contemplative, essentiellement féminine.

La sexualité

La sexualité s'est maintenant imposée comme un chapitre incontournable de l'histoire des couples et du couple. C'est ce qui fait qu'il est maintenant devenu plus facile d'aborder cette question. Les années soixante et soixante-dix sont passées par là, bien qu'il semble subsister une légère différence entre l'homme et la femme dans la mesure où cette dernière va plus facilement que son compagnon s'engager dans une discussion sur ce sujet. C'est, par exemple, sur l'insistance de sa femme qu'un homme va encore souvent consulter un spécialiste pour un problème d'éjaculation précoce. Il ne l'aurait pas nécessairement fait de lui-même.

On a trop facilement tendance à oublier que la sexualité comme l'amour sont devenus, depuis très peu de temps, des enjeux nouveaux dans l'espace du couple. Avant le milieu du XXe siècle, la sexualité était l'affaire de chacun. C'est en tant qu'individu qu'on avait à s'en arranger. Les journaux et les magazines n'étaient pas là pour en décortiquer la subtile mécanique ou pour délivrer des conseils plus ou moins judicieux. L'amour était littéraire, d'abord courtois puis libertin, il est devenu romantique. Quelles que soient les époques, il restait contenu entre les pages des romans pour déborder quelquefois dans la rubrique des faits divers et prendre alors l'aspect de la passion violente et soudaine.

C'est parce qu'il me semble y avoir une analogie assez étroite entre la façon dont on partage les choses du sexe dans le couple et la circulation de l'argent que j'ai pris l'habitude d'aborder la sexualité au travers des problèmes financiers. En effet, chacun des deux membres du couple construit avec l'argent une bien étrange triangulation. Autrement dit, l'argent intervient dans le couple aussi efficacement que la sexualité. L'un et l'autre constituent des données nouvelles.

De tous les changements et bouleversements qui se jouent ici, le plus important est que la sexualité s'est trouvée désolidarisée de la reproduction. C'est là, bien évidemment, la grande révolution sexuelle du XXe siècle. Les deux « fonctions » se sont séparées pour prendre chacune leur autonomie et leur propre logique. L'homme et la femme n'y trouvent pas les mêmes avantages et donc les mêmes inconvénients.

Enfin, malgré ou à cause de tout ce qui précède, des différences sensibles subsistent entre les deux sexes — différences nouvelles qui ne manquent pas d'influencer le « fonctionnement » du couple.

L'irruption de l'amour et de la sexualité

L'amour et le sexe envahissent le couple, c'est évident ; ils le fragilisent, voilà qui est plus inattendu. Revenons quelques instants aux temps heureux où ni l'un ni l'autre de ces intrus n'avait eu l'impudence de s'imposer dans les cœurs et dans les lits. Comme tout était simple ! Comme tout allait de soi lorsqu'on n'avait pas à résoudre des problèmes insolubles ! Le romantisme, lointain héritier de l'amour courtois, ainsi que la libération sexuelle ont imposé ces trouble-fête dans l'insouciante quotidienneté des couples et des familles. L'un comme l'autre ont en commun de soulever des questions sans fin pour mieux désespérer et décourager ceux qui s'y trouvent facilement confrontés. En fait et tout simplement, l'amour comme la sexualité sont d'abord et avant tout des phénomènes qui ne sont présents que dans la spontanéité. Il est possible d'en parler mais aucune compréhension n'en épuisera la complexité ; il est possible de les décrire, mais aucune description n'englobera la variété des possibles pour chacun de nous.

Prenons l'amour, que l'on nous présente généralement comme le résultat d'une subtile alchimie où interviennent des facteurs aussi innombrables que mystérieux. Le terme même d'« alchimie » montre bien la pauvreté des connaissances dans ce domaine. À l'autre extrême, c'est-à-dire du côté du scientisme, il ne manque pas de doctes savants pour ne plus parler d'alchimie mais bien de biochimie, ce qui est tout aussi inquiétant et, pour tout dire, décevant. Ils réduisent l'amour à l'hormonologie et l'hormonologie à la molécule. Le désir sexuel ainsi que l'acte qui le prolonge et l'aboutit peuvent être décrits dans la succession précise des prédominances de telle ou telle substance biochimique.

Une confusion grandissante entre l'amour et la sexualité s'est ainsi établie ; quand on parle de l'un avec certains mots, on pourrait tout autant parler de l'autre avec les mêmes mots. Ce sont là les deux non-définitions modernes du couple. Ces deux inconnus sont présentés comme les deux garants des couples. Mais nombre d'entre eux se déchirent tout en revendiquant leur amour alors qu'il en est qui se prolongent des décennies entières sans aucun partage sexuel.

Je vois ainsi des couples qui ne restent ensemble, parfois dans les pires conditions, que sous prétexte qu'ils s'aiment, ce qui dans leur cas paraît assez paradoxal. D'autres vivent depuis longtemps comme des frères et sœurs, c'est-à-dire sans aucune sexualité, en donnant à leur entourage, comme une évidence, le sentiment d'être effectivement un couple modèle.

Autrement dit, s'aimer d'amour n'a qu'une signification toute relative quant à la définition positive et à la pérennité du couple ; s'aimer ou non dans la sexualité ne peut avoir qu'un lien très éloigné avec le bonheur conjugal tel qu'on le comprend généralement et tel qu'on peut le souhaiter. S'aimer explique et justifie en fait peu de choses à l'échelle de la relation, cette sensation ne renvoie qu'à ce que chacun d'entre nous, en tant qu'individu, a le sentiment d'y mettre. Aimer, c'est montrer un ensemble de croyances, qu'il s'agit de vérifier en se servant plus ou moins clairement de l'autre.

L'amour comme la sexualité fragilisent également le couple car ils ont ouvert la voie à une appréhension facilement consumériste de la relation de couple. L'amour sans cesse renouvelé et la sexualité accomplie sont devenus des résultats attendus et non des conditions requises quant à la bonne marche du couple. Le couple est devenu lui-même pourvoyeur de services ; lorsque ces services ne sont pas rendus, il paraît facilement évident qu'il faut changer de couple comme de machine à laver ou de boucher. Un couple s'investit comme n'importe quel produit ; s'il n'est pas rentable, il faut en changer.

Il faut une certaine maturité pour accepter l'idée que l'amour comme la sexualité ne sont ni prérequis, ni les résultats d'une pratique, mais qu'ils *sont* immédiatement le couple.

L'argent, le sexe et le couple

Je pose comme hypothèse que l'argent est venu modifier les relations dans le couple et, plus spécifiquement, les relations sexuelles c'est-à-dire la sphère la plus intime. En même temps que les hommes ont dû accepter le fait que la femme avait une sexualité, ils ont dû affronter la réalité du travail féminin et donc celle de l'argent féminin. C'est ce qui fait que l'argent, avec l'accession de la femme au monde du travail, s'est sexualisé : il y a donc deux types d'argent, le masculin et le féminin.

Avant la Seconde Guerre mondiale, le modèle classique de la circulation de l'argent dans le couple voulait que ce soit l'homme qui travaille, et donc « ramène l'argent », alors que la femme était chargée de le gérer, c'est-à-dire d'assurer la bonne marche de la maisonnée. Avec le travail féminin ce modèle a été non seulement remis en cause mais également remplacé par une multitude de pratiques parfois très différentes les unes des autres, généralement assez obscures, et résultant, dans leur extrême variété, d'une bonne dose d'inventivité tout en restant très cachées. Il est ainsi plus facile, pour un couple, de parler de sa sexualité que de parler de sa façon de gérer l'argent.

Dans notre société il convient encore que les revenus de la femme soient inférieurs à ceux de l'homme. L'homme cherche ainsi à garder un avantage qui, bien qu'objectif et même souvent scandaleux, ne simplifie pas toujours les relations dans le couple, dans la mesure où les femmes sont de plus en plus revendicatrices.

L'émergence d'un argent féminin a multiplié par trois le nombre de comptes bancaires dans une même famille avec notamment, la naissance du compte commun. Ce compte commun est symboliquement devenu le lieu d'intimité de la promiscuité financière du couple. Son fonctionnement est très variable, tant en ce qui concerne son mode d'alimentation que les objectifs qu'il est chargé de remplir. Il peut donner une représentation quelquefois assez exacte de ce qui est effectivement mis en commun dans le couple. Son évolution qualitative et quantitative suit l'histoire des partages, et donc des non-partages, dans le couple. Il constitue une métaphore assez fidèle de l'étendue mouvante du territoire de la communauté conjugale.

Avec le fait que la femme participe, par son salaire ou ses revenus, à la vie financière de la famille ou du couple, l'homme a généralement repris le pouvoir quant à la gestion des postes budgétaires les plus importants. C'est souvent lui qui s'occupe, par exemple, des relations avec les banques, les organismes de crédit et les impôts. Il se charge des travaux de la maison et de l'achat de la voiture. Généralement, des programmes de gestion informatique l'aident sensiblement dans cette tâche. Il se doit de penser que sa femme n'a la charge que du secondaire alors qu'il est responsable du principal. De nouveau, une hiérarchie s'impose ainsi entre les deux membres du couple.

Avec l'augmentation générale du niveau de vie, l'argent familial, qui prévalait dans le modèle classique, est devenu également un argent conjugal. Autrement dit, l'argent est devenu bien plus fréquemment qu'il y a quelques dizaines d'années un enjeu des relations dans le couple. Alors qu'il servait à toute la famille, il est devenu également un régulateur et un symbole des relations dans la famille *et* dans le couple. Avec sa sexualisation, l'argent s'y est immiscé pour devenir un lieu de pouvoir et de marchandage. Il définit la relation selon des modalités très diverses où chacun tente de mettre en accord ce qu'il souhaite avec ce qui existe.

Enfin, malgré sa traçabilité grandissante, l'argent reste « flou ». Il donne toujours autant, à chaque membre du couple, l'occasion et la possibilité de créer autour de lui des secrets et des non-dits. Ainsi, sa circulation est de plus en plus virtuelle, non seulement à l'échelle de la planète mais également dans le couple. Il s'échappe à mesure qu'il peut être circonscrit. Son objectivité apparente ne lui assure pas totalement, loin de là, une clarté et une limpidité absolues. Il reste d'abord et avant tout symbolique, c'est-à-dire manipulable selon l'usage que chacun en fait dans les constantes négociations qui ne manquent pas de parcourir le couple.

Sexe et argent se mêlent donc, souvent dans une même confusion. En voici un exemple :

> Daniel est pharmacien, il a 35 ans. Il prend un rendez-vous avec un psychothérapeute pour un problème d'impuissance sexuelle. Il est marié et il est le père d'une petite fille âgée de 3 ans. Son problème est apparu, progressivement, il y a environ un an. Les nombreux andrologues qu'il a consultés n'ont trouvé aucune cause physiologique, de nature hormonale ou fonctionnelle, qui puisse expliquer cette faillite récente. Comme souvent, en désespoir de cause explicative, ils l'adressent donc au « psy » et il s'y rend, lui-même très dubitatif, regrettant qu'une cause rationnelle n'ait pas pu être trouvée.
>
> L'histoire de son couple est intéressante. Daniel a connu celle qui est devenue sa femme, Sophie, à l'âge de 19 ans ; dès l'année suivante ils ont vécu ensemble pour se marier quelques mois plus tard. Elle a fait de rapides études dans une école de commerce ce qui lui a permis de travailler bien avant lui. Ainsi, Daniel a pu poursuivre ses propres études sans avoir à se soucier de problèmes financiers. Lorsqu'il a pu acheter son officine, avec l'aide de ses beaux-parents, Daniel a insisté pour que Sophie reprenne ses études, ce qu'elle a fait. Cela lui a permis de connaître, il y a deux ans, une promotion importante. À ce jour, ses revenus sont « redevenus » plus importants que ceux de son mari.

Même s'il n'est plus dépendant d'elle comme lorsqu'il était étudiant, Daniel peut avoir l'impression d'être en état d'infériorité. Comme chacun le sait, la pression sociale fait qu'il n'est pas convenable qu'un homme gagne moins que sa femme. Il peut toujours espérer que cette situation s'améliorera avec le temps, mais il est probable que Sophie connaîtra également d'autres promotions.

Il me paraît important de focaliser l'attention de Daniel sur les « échanges » financiers qui ont rythmé ses relations avec Sophie… et ses beaux-parents :

THÉRAPEUTE : D'après vous, l'argent est-il un enjeu important dans vos relations avec votre femme ?
DANIEL : Je ne crois pas… il nous est arrivé d'en discuter… c'était au moment de l'achat de ma pharmacie, il y a quatre ans de cela… mais pas depuis… nous n'abordons pas souvent ces questions-là, de toute façon il n'y a aucune raison pour le faire…
T : Qu'en a dit Sophie ?
D : Pour elle, il n'y a aucun problème, elle a trouvé tout à fait naturel de m'aider pendant mes études et elle a trouvé tout autant naturel de demander à ses parents de nous aider pour mon installation… ils en avaient les moyens et ils ont immédiatement accepté…
T : Et pour vous ?
D : Pour moi… eh bien… Peut-être que ça m'a gêné un moment… je me souviens d'avoir eu envie d'en discuter mais comme il n'y avait aucun problème pour Sophie, j'ai laissé tomber. Comme je vous l'ai déjà dit, nous n'avons pas l'habitude de discuter de tout cela…

L'un et l'autre se protègent mutuellement. Elle le protège financièrement, il la protège émotionnellement. C'est ce qui a permis à ce statu quo de s'installer au fil des années dans un échange qui paraît équitable même s'il engage, de part et d'autre, des éléments radicalement différents.

Thérapeute : Avez-vous déjà pu imaginer, même un très court instant, même il y a très longtemps, qu'il pouvait y avoir une relation, dans votre couple, entre l'argent et la sexualité ?
Daniel : Entre l'argent et la sexualité ?! C'est bizarre… non vraiment, je n'aurais jamais pensé qu'il puisse y avoir un lien entre les deux…
T. : Oui, c'est ça… Comme vous le dites, un lien entre l'argent et la sexualité ?
D : Peut-être, à la réflexion… j'en ai déjà entendu parler… je ne sais plus où… il paraît que ça peut aller ensemble… j'ai déjà entendu ce genre de chose…
T : C'est-à-dire ?
D : Eh bien l'argent et le sexe…
T : Par exemple ?
D : Peut-être que je suis trop dépendant d'elle. Mon père est mort alors que j'avais 17 ans. Mon frère aîné était déjà parti de la maison. Il est allé s'installer au Québec, je le vois très rarement. Moins d'un an après la mort de mon père, ma mère m'a annoncé qu'elle allait vivre avec un homme… j'ai l'impression, en y repensant maintenant, que c'était son amant depuis quelques années. Je ne me suis jamais entendu avec lui…
T : Vous les voyez ?
D : Très rarement, en fait ça s'est très mal passé avec lui, elle n'a jamais compris et elle n'a jamais accepté ni compris mon hostilité… ma mère m'en a toujours voulu…
T : Et vous ?
D : Moi… je lui en veux encore plus… je crois que ça c'est sûr…

D'une certaine façon, la boucle se referme. Ayant quasiment rompu tout lien avec sa famille d'origine, Daniel a facilement accepté de se faire « adopter » par Sophie et surtout par sa belle-famille avec toutes les conséquences que cela suppose.

THÉRAPEUTE : Votre femme a des frères et sœurs ?
DANIEL : Non... enfin oui, elle avait un frère qui est mort en bas âge. Je crois qu'elle avait cinq ans et lui était un nourrisson. C'est un sujet tabou pour ses parents et pour elle... on n'en parle absolument jamais dans sa famille, je ne l'ai appris que quelques années après notre mariage.
T : D'une certaine façon vous avez pris sa place...
D : C'est ce que j'ai pensé mais... comme vous pouvez vous l'imaginer, ce qui est certain, c'est que je n'ai jamais pu en parler aussi ouvertement même avec ma femme et à plus forte raison avec mes beaux-parents...
T : Cela commence à faire beaucoup de choses dont on ne parle pas, n'est-ce pas ?
D : Oui, c'est vrai, vous avez raison, ça fait beaucoup... beaucoup de choses dont on ne parle pas, pas seulement avec ma belle-famille mais aussi avec Sophie...

Ainsi, chacun y trouve son compte : Sophie « rend » un fils perdu à ses parents alors que Daniel récupère, de son côté, une famille entière. Nous sommes loin des problèmes d'impuissance pour lesquels il est venu consulter, mais tout cela se tient. Au-delà des mots et des explications qui peuvent être données sur tous ces éléments « objectifs » intervient également l'inconscient de Daniel. Il n'est pas déraisonnable de faire l'hypothèse qu'il est difficile pour lui de remplacer un mort tout en étant ainsi « payé » pour le faire. Daniel existe d'autant moins pour lui-même qu'il est un « pseudo-frère » et donc un « pseudo-mari ». De là à devenir un « pseudo-amant », il n'y a pas loin.

THÉRAPEUTE : Et la sexualité ?
DANIEL : La sexualité... ce qui me gêne c'est que Sophie en parle trop, à tout le monde, voire à n'importe qui. Ainsi elle en parle même, d'après moi, beaucoup à ses parents... et surtout à sa mère... quand même, à son âge !

T : Là, pas de tabou ?
D : *(en souriant)* Non, alors là aucun tabou… pas de problèmes, vraiment aucun, c'est le cas de le dire. J'ai souvent eu envie d'expliquer à Sophie ce que j'en pensais… il y a en effet beaucoup de choses à dire sur tout cela, et…
T : Et…
D : Eh bien, comme vous vous en doutez sûrement, je ne l'ai pas fait… pour une raison bien simple, j'ai peur que ça complique encore les choses…
T : Que ça complique les choses ?
D : C'est vrai, de toute façon, au point où on en est…
T : Peu de chose à perdre ?!
D : Exactement !

De nouveau la protection. Sophie semble être une femme qui a besoin de rendre les autres, et surtout son mari, dépendants d'elle. Cela n'a pas besoin d'être conscient et intentionnel pour être efficace. Il est possible de faire l'hypothèse qu'elle acceptera difficilement que ses enfants eux-mêmes prennent de l'indépendance.

J'ai proposé à Daniel de les rencontrer tous deux, ce qu'il a organisé assez rapidement. Il ne servait à rien de l'aider à s'affirmer face à elle en osant aborder, par exemple, certains points avec sa femme. Il fallait également aider Sophie à abandonner progressivement son emprise sur son mari, ce qui est probablement plus difficile. Tous deux avaient besoin d'apprendre à évoluer pour se détacher de leurs histoires familiales respectives ; ces histoires sont d'autant plus présentes qu'elles sont « lourdes » de part et d'autre.

Après un an de travail psychothérapeutique avec le couple, ils ont pris la décision de « mettre en route » un deuxième enfant. Cette décision a permis à Daniel de « sortir » de son impuissance sexuelle par la bonne porte c'est-à-dire… pour la bonne cause. Sophie a pris un congé parental de deux ans. Pendant cet intervalle de temps, elle a appris à être, et à rester, dépendante de son mari, au moins financièrement et donc affectivement. De son côté, Daniel a contracté un emprunt auprès de sa banque, ce qui lui a permis de rembourser ses dettes auprès de ses beaux-parents. Il a également repris des contacts plus fréquents et plus réguliers avec sa mère et avec son frère…

Sexualité et reproduction

La médecine, qui ne s'embarrasse pas des conséquences de ses élans disjonctifs, a largement participé à la séparation de la sexualité et de la reproduction. Nous ne sommes plus « simplement » dans un besoin de méthodes contraceptives plus ou moins magiques ou plus ou moins radicales, ce besoin a existé de tout temps. Il s'agit maintenant de maîtriser la fécondation, donc de la séparer de la sexualité.

Dans un premier temps les problèmes de fécondité ont davantage été attribués aux femmes qu'aux hommes. Un homme peut être impuissant, mais son éventuelle stérilité est bien plus rarement invoquée. L'anatomie et la physiologie féminine semblaient sensiblement plus complexes, donc plus fragiles que celles de son compagnon. Le fléau de la balance semble être revenu vers son point d'équilibre. L'un comme l'autre sont maintenant soumis à des examens complémentaires dont les résultats répartissent plus équitablement les responsabilités. Il n'en reste pas moins que la plupart des techniques dites de « procréation assistée », pour des raisons largement attribuables aux contraintes de la physiologie, impliquent encore bien plus la femme que l'homme.

L'utérus artificiel n'a pas encore été inventé, pour combien de temps ? Déjà la pratique qui consiste à se trouver, pour certains couples, un utérus de substitution marque une étape supplémentaire vers le consumérisme génétique. Il leur est impossible d'accepter que la ou les machines ne « fonctionnent » pas et ils sont prêts à tout pour reproduire leurs gènes...

Pour ces couples, en situation d'infertilité, la sexualité risque de se « fragiliser » rapidement, peut-être parce qu'elle est devenue inutile pour ne plus répondre à sa destination première. Il est possible que l'inconscient éprouve quelques difficultés à voir ainsi se « fonctionnariser » le sexe. Combien de couples épuisent rapidement leur désir et leur *libido* en ne faisant l'amour qu'au beau milieu d'une période de fécondité médicalement déterminée.

De l'une à l'autre sexualité

Lorsqu'il est question de souffrance dans la sexualité du couple, une grande différence entre la femme et l'homme apparaît fréquemment. L'homme donne le sentiment de se « fatiguer » bien plus rapidement et bien plus facilement de la relation sexuelle en particulier, et de la sexualité en général, que sa femme. Cette dernière se plaint donc très souvent d'une absence d'empressement de son compagnon. L'inverse paraît être l'exception en l'absence de tout problème spécifique lié, par exemple, à la ménopause.

Il est bien évidemment facile d'invoquer une nette tendance à la polygamie alors que la polyandrie ne serait pas la « tendance » habituelle chez la femme. Il me semble plutôt que la femme a bien plus besoin que son compagnon d'une évolution dans sa sexualité. C'est pour elle un processus qui se doit d'évoluer vers toujours plus de partage et de complémentarité. Comme souvent, l'homme est plus facilement « binaire » ; pour lui : ça marche ou ça marche pas !

Surtout, et peut-être contrairement à ce que la voix du peuple prétend, il se sert de la sexualité comme d'un enjeu de pouvoir. C'est pour lui un instrument de coercition qu'il ne dédaigne pas d'utiliser au prix de ses propres désirs. Il est vrai qu'il a à sa disposition de nombreuses zones de sublimation, et son travail lui est également très utile de ce point de vue.

Dans ces couples-là, au moins deux des trois moyens de pression entre l'argent, le sexe et les enfants sont mobilisés pour servir la guerre, plus ou moins froide, qui déchire les protagonistes.

> Il s'agit d'un couple où l'un et l'autre ont aux alentours de soixante ans. Il est en retraite depuis un an, alors que de son côté elle n'a jamais travaillé. L'un et l'autre sont divorcés. Ils ne sont pas mariés mais vivent ensemble depuis environ quinze ans. Il a un fils d'un premier mariage qui est âgé de vingt-trois ans et qui est totalement indépendant ; de son côté, elle a une fille qui s'est mariée il y a quelques mois.
>
> C'est sur l'initiative de madame qu'ils viennent me voir. C'est donc surtout elle qui se plaint, elle évoque à la fois l'impuissance sexuelle de son compagnon et surtout ce qu'elle appelle, avec une certaine pudeur, sa « pingrerie ». C'est très probablement le fait qu'il soit à la retraite depuis peu de temps qui a précipité, ou mis en évidence, les problèmes de ce couple. Elle m'explique cependant que toutes les situations qu'elle évoque sont très anciennes et « minent » leurs relations depuis qu'ils se sont rencontrés.
>
> ELLE : Vous comprenez, il ne s'est jamais occupé de moi… jamais. J'ai toujours eu l'impression de faire partie des meubles. Avant c'était son travail, maintenant il n'a plus d'excuses… alors il ne fait que lire, il lit d'ailleurs n'importe quoi… je le vois bien, n'importe quoi… c'est évident…

LUI : Ce qu'elle oublie de préciser, docteur, c'est qu'elle n'a rien contre le fait de boire son petit litre de vin chaque jour… et quelquefois bien plus, par exemple lorsque nous recevons des amis ; c'est surtout cela qui dure depuis le début. Avant je ne m'en étais pas vraiment aperçu, mais maintenant que je suis toujours à la maison… c'est ça le problème, c'est l'alcool…
ELLE : Alors là ! Tu exagères ! Est-ce que tu m'as déjà vue ivre une seule fois… (*Se tournant vers moi :*) Jamais une seule fois… ça je peux vous l'assurer…
LUI : (*Il soupire tout en levant les yeux au ciel et en recherchant une connivence avec moi.*) Bien sûr…
ELLE : Simplement, c'est vrai, j'apprécie le vin, le bon vin et comme j'aime bien la bonne nourriture… je suis une excellente cuisinière, ça tu ne peux pas me le reprocher, j'aime donc le bon vin… je ne vois pas où est le mal… je connais des tas de gens qui sont comme moi… des gens très bien… Docteur, il se plaint… mais il vante sans cesse mes qualités de cuisinière… tous ses amis vous le diront… tu ne peux pas dire le contraire…
LUI : Eh bien ! au total… c'est exactement ce que je viens de dire… ça fait un litre chaque jour…

En somme, tout va pour le mieux dans le meilleur des mondes conjugaux possibles, chacun peut argumenter ses propres reproches vis-à-vis de l'autre ! J'ai le sentiment, assez rapidement, d'avoir en face de moi un de ces couples ou chacun « castre » l'autre, dans une parfaite symétrie avec la bonne conscience que chacun trouve dans l'assurance de pouvoir aider le conjoint ou la conjointe. Les problèmes de chacun trouvent chez l'autre à la fois leur cause et leur justification.

LUI : Ce qui est sûr c'est qu'une femme qui a bu… je ne veux pas entrer dans les détails… vous voyez ce que je veux dire… mais une femme qui a bu, eh bien… moi… je ne peux pas… ce n'est pas très excitant… je suis persuadé que n'importe quel homme réagirait comme

moi… (*se tournant vers elle :*) tu peux le comprendre quand même… je te l'ai déjà dit de nombreuses fois, mais tu ne veux pas entendre… c'est quand même simple de le comprendre et encore plus simple de réagir…
ELLE : Eh bien ! moi… depuis le début… quand une femme est délaissée… c'est très simple, n'importe qui pourrait le comprendre aussi… eh bien, elle boit… je ne dis pas que je bois, c'est tout à fait autre chose… je veux dire que ce n'est pas rose tous les jours… je suis sûre que vous me comprenez parfaitement, docteur… Non, le vrai problème est qu'il est totalement radin, c'est un avaricieux… vous ne pouvez pas vous imaginer docteur à quel point il est près de ses sous, rien d'autre n'existe pour lui… Il n'a jamais voulu voir un thérapeute à cause de cela, à cause de son porte-monnaie. Est-ce que tu oses le nier devant le docteur ?
LUI : Alors là, c'est très simple. (*Se tournant vers elle et en haussant le ton :*) Est-ce que tu te rends compte que je suis maintenant à la retraite et que mes revenus ont considérablement baissé ? Ce n'est plus comme avant !
ELLE : Vous vous rendez compte, il ne voulait même pas se rendre au mariage de ma fille… ma propre fille ! Pour des raisons financières évidemment…
LUI : … ta fille… Elle a toujours vécu au-dessus de ses moyens… faut dire qu'elle a de qui tenir… Quelle idée elle a eue d'aller se marier aux Baléares !
ELLE : Mais son mari est espagnol !
LUI : Elle a vraiment de qui tenir !
ELLE : Qu'est-ce que tu veux dire par là ?
LUI : Je veux dire par-là que, comme toi, elle ne connaît pas la valeur de l'argent. Vous ne savez pas ce que ça signifie de gagner son argent…
ELLE : Chaque fois que j'ai voulu travailler — j'étais prête à faire n'importe quoi — tu as toujours refusé. Tu n'as jamais voulu que je sois indépendante. (*Se tournant vers moi :*) C'est très simple, il a toujours cherché à me garder sous sa coupe… il n'y a que cela qui l'intéresse… il veut m'avoir sous la main, constamment… Je ne veux

pas dire mais… il y a de quoi rire… mais j'ai pas envie de rire. Mais, pour ce qu'il en fait…

La souffrance de chacun trouve donc sa justification dans le comportement de l'autre. C'est ainsi que ce couple, à sa façon, est harmonieux. Ils se complètent parfaitement. Les problèmes de l'un permettent à l'autre d'expliquer et de justifier ses propres problèmes ; c'est ce qui me permet de penser que chacun est parfaitement dépendant de l'autre. Ici, d'une manière presque caricaturale, l'argent se mêle à la sexualité et à l'alcoolisme pour mieux renforcer cette logique en même temps que leurs liens.

Comment sortir d'une situation aussi inextricable ? Cela n'est possible que dans l'abandon progressif par l'un et par l'autre, en exacte symétrie, de chacun de ces reproches. Comme un désarmement où les deux belligérants, sous la surveillance d'un tiers réputé neutre, détruisent une à une leurs propres armes. Dans cette nouvelle règle du jeu qu'il s'agit d'introduire, le premier des deux qui « lâchera » a toujours l'impression de prendre un grand risque ou alors de perdre car il n'a pas confiance en l'autre. C'est ce qui fait qu'il est difficile de mettre en place cette nouvelle logique. Il m'a fallu faire plusieurs tentatives avant de parvenir à un résultat.

THÉRAPEUTE : Monsieur, croyez-vous que si elle arrêtait de boire son litre de vin par jour pendant… disons une semaine, votre sexualité commune s'arrangerait ?
LUI : Oui, bien sûr !
ELLE : Mais j'ai déjà arrêté de boire pendant un mois, plus d'un mois même l'été dernier, et il ne s'est rien passé, de toute façon son problème d'impuissance ne date pas de sa rencontre avec moi…
LUI : Et qu'est-ce qui te permet d'affirmer cela ?
ELLE : Tu me l'as dit !
LUI : Je te l'ai dit ? Et qu'est-ce que je t'ai dit ?

ELLE : Tu m'as dit qu'avec ta femme c'était la même chose !
LUI : Alors là pas du tout, je n'ai jamais eu aucun problème avec ma femme !
ELLE : (*se tournant vers moi*) Demandez-lui docteur pourquoi elle l'a quitté… il ne se passait rien dans le lit !

Dès qu'un changement est évoqué, il est immédiatement disqualifié par l'un et l'autre. Il n'a probablement pas « reconnu » le fait qu'elle se soit arrêté de boire pendant quelques semaines alors que de son côté, elle considère que son impuissance a toujours existé et qu'elle n'est pas liée, bien évidemment, à ce qu'est effectivement leur relation. Voyons ce que peut donner un autre « angle d'attaque ».

THÉRAPEUTE : Et vous, madame, si le problème sexuel était réglé, est-ce que cela vous aiderait par rapport à l'alcool ?
ELLE : Le problème sexuel *et* le problème de l'argent !
T : Vous avez raison, c'est ce que je voulais dire, je comprends que pour vous ces deux problèmes sont liés…
ELLE : Pour moi, je ne sais pas ce qui me soucie le plus…
LUI : Ce qu'elle ne vous dit pas, c'est que je lui ai proposé de prendre du Viagra®. Mon cardiologue était parfaitement d'accord, il n'y avait aucune contre-indication… J'en ai même pris une fois, sans lui dire. Elle ne s'en est même pas aperçue…
ELLE : Mais oui, je m'en suis aperçue, comment ne pas s'en apercevoir. Moi, ça ne m'intéresse pas. Je ne veux pas d'un homme qui fonctionne seulement avec une pilule, ça ne m'intéresse vraiment pas. C'est complètement artificiel !
LUI : Alors comment faire, docteur ?

Le résultat est le même, de nouveau il semble difficile d'obtenir la reconnaissance des efforts de l'un par l'autre. Nous en restons à une série d'escarmouches car ces quinze ans de cohabitation leur ont permis, à tous deux, d'accumuler les arguments pour constamment disqualifier non seulement l'autre mais également toute possibilité de changement. Chacun a peur de perdre la face, chacun ne veut pas donner le sentiment de capituler.

J'ai dû avec eux choisir une autre stratégie pour, insensiblement, introduire une autre dynamique dans leurs relations. Pendant près d'un an, je les ai vus séparément en leur demandant, à chacun, de ne pas partager avec l'autre ce qui se discutait et surtout se décidait au cours de chaque entretien. Il est évident qu'il leur a fallu un certain temps avant d'accepter cette règle du jeu ; ils n'ont pas manqué de « tricher » pendant quelques mois. Progressivement ils ont pu apprendre à baisser les armes en pensant que l'autre en perdait un peu plus…

Le parentage

Quand devient-on adulte et comment ? En a-t-on même vraiment l'obligation ? En fait, nous sommes insensiblement entrés dans une société qui érige, comme valeur absolue, la jeunesse et surtout l'adolescence. Nous avons facilement l'ambition de vieillir tout en restant jeunes. Le cycle de vie classique est profondément bouleversé par cette ambition qui inverse radicalement l'ordre des choses… et des générations.

Les parents adolescents

L'interpénétration des générations fait que les enfants et les adolescents ont souvent l'impression d'avoir plutôt des grands frères et des grandes sœurs que des pères et des mères. Les adultes, fascinés par la jeunesse, ont tendance à s'identifier à leur progéniture plutôt que de chercher à jouer des rôles aînés auprès d'eux. En plus, ils montrent une certaine tendance à l'instabilité affective, c'est ce qui fait que les jeunes ne les prennent pas toujours au sérieux, c'est le moins que l'on puisse dire. Ils ne sont plus des exemples pour leurs enfants. Lorsque des problèmes apparaissent dans le couple, ces enfants ont tendance à prendre le pouvoir. Ils disposent pour cela de diverses techniques, des plus douces aux plus spectaculaires, de la révolte à la violence en passant par toutes les formes de souffrances plus ou moins psychosomatiques.

Dans le jargon « psy », on parle alors de parentification : les enfants deviennent les parents de leurs propres parents. Par la place qu'ils prennent ainsi dans la famille et le couple, ils accaparent une grande partie des préoccupations de chacun jusqu'à devenir le centre de toutes les interactions.

Comme je l'ai déjà mentionné, ce mécanisme a tendance à se répéter dans la génération suivante. En effet, les adolescents parentifiés ne vivent pas effectivement leur adolescence. Ce n'est que plus tard, lorsqu'ils deviennent « officiellement » des adultes, qu'ils seront tentés de vivre alors l'adolescence qui leur a été volée, mettant leurs propres enfants dans un statut d'adultes prématurés.

Ce mécanisme prend des tonalités différentes chez la femme et chez l'homme. Pour les premières, le risque est celui d'une fuite en avant dans la protection. Lorsque le père est absent, ce qui est généralement le cas, la mère ne parvenant pas à suppléer à ce manque va devenir une super mère. Elle va donner tout ce qu'elle peut car elle sait qu'elle ne peut tout être pour son enfant, à la fois une femme et un homme. Pour les hommes, c'est l'incompréhension qui s'impose rapidement. Leurs enfants et leurs adolescents deviennent des étrangers qu'ils comprennent de moins en moins. À l'évidence, le temps qu'ils leur consacrent est loin d'être suffisant, un lien se construit et se reconstruit sans cesse. Avec les mois et les années, les uns s'éloignent des autres : les pères ne voient pas leurs enfants grandir, les enfants n'apprennent pas ce qu'est être un enfant, un fils ou une fille.

Les mères de leur père

Lorsque les adultes se conduisent comme des enfants ou des adolescents, les enfants et les adolescents se conduisent comme des adultes. En règle générale, ils acceptent facilement ce pouvoir nouveau sur leurs aînés. Ils en usent et parfois en abusent. Il leur est alors difficile d'abandonner ces prérogatives que leurs parents leur ont données de manière prématurée. En voici un exemple :

> Une adolescente me contacte au téléphone pour une démarche qui, comme on le verra, n'est pas très courante. Elle m'explique d'emblée qu'elle souhaite prendre un rendez-vous pour elle et sa jeune sœur qui a quinze ans, elle-même en a dix-neuf. Elle précise également que leur mère a proposé de faciliter cette démarche, notamment d'un point de vue financier. Elsa, c'est son prénom, affirme en avoir eu l'initiative.
>
> Quelques jours plus tard, elles sont donc face à moi, Elsa et Nathalie, pour m'expliquer d'abord plus précisément la nature de leur demande. Elles ont nettement tendance à parler en même temps et sont toutes deux empressées pour prendre la parole :

ELSA : Nous sommes venues vous voir car nos parents se sont séparés il y a deux ans et demi… je m'en souviens très bien, c'était exactement le 14 juillet…
NATHALIE : … non, il faut surtout préciser que c'est papa qui est parti, comme ça, sans qu'on ait compris quoi que ce soit… on n'a rien compris du tout… du jour au lendemain… est-ce que vous vous rendez compte ?
E : … oui, c'est ça, on n'a rien compris… Il est parti pour une autre femme… vous vous rendez compte pour maman… on n'a jamais voulu la voir… (*Se tournant vers sa sœur :*) hein ! c'est ça… toi aussi tu ne la connais pas ?
N : … non, enfin oui bien sûr… je ne la connais pas, c'est comme toi… hors de question de la voir !
THÉRAPEUTE : Et qu'est-ce que vous attendez de moi ?
E : Eh bien voilà… nous avons averti Georges… Georges c'est notre père… c'est son prénom… que nous venions vous voir d'abord aujourd'hui avant de venir avec lui, ici… pour vous voir ensemble… il est d'accord avec nous, il sait que nous sommes venues vous voir aujourd'hui…
T : Et votre mère…
N : Depuis deux ans et demi nous avons surtout des problèmes avec notre père… avec notre mère c'est autre chose… c'est pas la même chose, c'est pas aussi grave… (*Se tournant vers sa sœur :*) tu es d'accord avec moi ?
T : Votre mère est au courant de votre démarche ici… y compris avec votre père ?
N : Oui, oui…
E : Georges… je veux dire papa, de toute façon, il est d'accord aussi, on lui a demandé, on lui a posé la question… il est d'accord pour venir avec nous…

Il s'agissait, en quelque sorte, d'une entrevue exploratoire, qui devait permettre de « caler » l'entretien suivant avec le père. J'étais, en quelque sorte, placé devant les faits, devant une procédure pour laquelle tous les protagonistes semblaient prêts à jouer le jeu.

Généralement c'est l'inverse qui prévaut : les parents viennent voir le thérapeute pour préparer le ou les entretiens avec le ou les enfants. Ici l'ordre hiérarchique familial est inversé : les parents, et surtout le père, sont devenus les enfants de leurs propres enfants ! C'est ce qui fait, par exemple, que le père peut être « interpellé » par son prénom.

Les enfants viennent voir le thérapeute pour aider leurs parents à être de meilleurs parents. Tout se passe comme s'ils avaient besoin d'un grand-père ou d'une grand-mère qui « corrige » les parents, en leur transmettant sa propre expérience sur ce qu'il convient de faire dans certaines situations.

J'accepte donc cette procédure dont je ne suis, de toute façon, pas le maître. Nous convenons ensemble des sujets que les filles souhaitent voir aborder avec leur père. Ceci peut se résumer de la façon suivante : aidez-nous à en faire un adulte ! Ceci passe aussi bien par le respect de la pension alimentaire, par l'âge de sa nouvelle compagne, par le fait de tenir ses engagements les plus divers, par l'aménagement de son logement ou ses habitudes vestimentaires.

Quinze jours plus tard nous sommes donc réunis, les deux filles et leur père. Ce dernier se présente effectivement comme un adolescent. Il a 42 ans et travaille dans la publicité, ce qui l'aide bien à rester jeune. Il a volontiers accepté le principe de cet entretien, visiblement plus par curiosité que par intérêt, plus par défi que dans la conscience effective des enjeux que peut mobiliser ce type de rencontre. Ainsi, le plus âgé des trois n'est-il pas nécessairement l'adulte officiel.

LE PÈRE : (*sur un ton solennel*) Je voudrais d'abord vous dire, à toi Elsa et à toi Nathalie, (*se tournant vers moi :*) et devant vous docteur… que je suis très heureux d'être ici. J'en suis très satisfait. Nous avons effectivement beaucoup de choses à nous dire… j'ai beaucoup de choses à vous dire…

ELSA : (*avec une certaine insolence*) Alors pourquoi tu ne l'as pas fait plus tôt ?

LE PÈRE : Eh bien ! … je comprends ta question, elle est tout à fait légitime… mais c'est parce que, tout simplement, je n'en ai pas toujours eu l'occasion…

NATHALIE : C'est ça, je te vois venir, je te connais… tu vas nous dire que tu travailles beaucoup, tous les jours et tout… et tout… et que c'est à cause de ton travail…

LE PÈRE : Exactement… c'est exactement cela… tu as raison ma chérie, mon travail me prend beaucoup de temps et d'énergie… il m'en prend un peu moins maintenant… c'est tout à fait récent. Donc, je n'en ai pas eu l'occasion…

THÉRAPEUTE : Elsa, je crois que tu avais deux ou trois questions… bien précises, que tu avais l'intention de poser à ton père ?! … Et toi aussi Nathalie ?!

E : Voilà, c'est vrai. Vous avez raison. D'abord je voudrais te demander pourquoi tu es parti dans ces conditions il y a deux ans et demi ?

LE PÈRE : Qu'est-ce que tu veux dire exactement par « dans ces conditions » ?

N : Eh bien oui, tu es parti brutalement, sans rien dire… sans rien nous dire… on n'a rien compris… pour nous tout allait bien… il n'y avait aucun problème…

LE PÈRE : D'abord cela allait très mal entre votre mère et moi depuis quelques années…

E : (*brutalement*) C'est pas vrai ! En tout cas, ce n'est pas ce que dit maman. Elle non plus, elle n'a rien vu venir, elle n'a rien compris… comme nous…

LE PÈRE : (*sur un ton qui se veut très conciliant*) Nous ne vous avons rien dit pour vous protéger de tout cela…

N : (*brutalement*) Eh bien ! c'est pire, c'est pire de ne rien dire aux enfants. Ils ne comprennent rien… tu devrais le savoir et nous on a besoin de comprendre… on n'est plus des petites filles depuis longtemps.

À chaque question de ses filles, le père répondait par une offre de protection. À chaque offre de protection de leur père, les filles répondaient par un refus et une revendication, au demeurant tout à fait réelle, de maturité.

NATHALIE : Moi je voudrais te demander pourquoi tu ne nous invites pas chez toi. Depuis deux ans, tu aurais pu quand même aménager ton appartement pour être capable de nous recevoir ?
LE PÈRE : Ce n'est pas si simple que cela… il faut que vous compreniez…
ELSA : (*à Nathalie*) C'est à cause de sa nana… tu vois ce que je dire… j'ai presque envie de dire… cette…
LE PÈRE : Cette putain… c'est ça… je sais ce que vous pensez… je m'en doute bien…
E : Oui, c'est ça… c'est ce que je voulais dire… tu as raison… j'avais le mot sur le bout de la langue…

Il a fallu plusieurs entretiens pour que les filles puissent épuiser une bonne partie de leur colère vis-à-vis de leur père. Celui-ci a, bien sûr, défendu ses positions, d'abord mollement puis avec de plus en plus de véhémence. Ceci n'a pas nécessairement déplu à ses filles qui ont enfin pu se trouver confrontées à ses propres positions. Elles avaient visiblement besoin de pouvoir se débarrasser de tout le ressentiment accumulé pendant près de trois ans.

Après le quatrième entretien en commun, le père a marqué le pas. Des obstacles sont apparus au sujet de ses horaires de travail. Sans doute a-t-il commencé à considérer que les enjeux devenaient trop lourds et trop impliquants. J'ai alors proposé de le voir seul pour que la crainte de perdre la face devant ses filles s'éloigne de son esprit. Ce mécanisme se rencontre fréquemment chez les adolescents ! Dès qu'il a accepté de venir à un entretien seul, c'est sa nouvelle femme qui s'est manifestée. Tous ces manèges ne lui disaient rien qui vaille. Elle s'en est inquiétée et a cherché à me joindre au téléphone : elle devait reprendre le contrôle d'une situation qui risquait de lui échapper. Il m'a fallu déployer quelques ruses pour ne pas lui répondre : elle a trouvé incroyable de se heurter à la notion de secret professionnel ! Après tout, peut-être a-t-elle pensé qu'elle était en droit de prendre des nouvelles de la thérapie de son propre fils !

J'ai donc rencontré le père des filles pendant près d'un an. Ces dernières se manifestaient de temps à autre. Mes réponses étant confuses et dilatoires, grande était leur confusion ! Malgré cela, elles m'ont donné le sentiment de me faire confiance. À leur père j'ai demandé, comme un préalable à nos entretiens, d'organiser soigneusement les trois points suivants :

• Il devait garder la confidentialité totale, pour toutes les personnes de son entourage, sur le contenu de nos rencontres.

• Toutes ses femmes ne devaient pas en connaître l'existence.

• Il devait même prétendre qu'il ne me voyait plus depuis longtemps.

Tout cela a été très long, il lui a fallu beaucoup de temps pour grandir. Les filles ont dû s'impatienter et elles ont dû penser qu'elles n'étaient pas assez rapidement payées de retour après leur démarche initiale. Un temps, cet homme a été jusqu'à remettre en question son couple actuel, ils se sont séparés quelques mois. Il a éprouvé le besoin de prendre un peu de recul avant de reprendre la vie commune.

Un père qui puisse donner

Voici l'exemple d'un père qui se trouve en situation d'avoir à regagner ses prérogatives. Le chemin pour y parvenir n'est pas nécessairement celui qu'il attend ou qu'il espère.

M. Durant prend contact avec un thérapeute pour lui demander un rendez-vous avec ses deux fils. C'est ce qu'il annonce d'emblée. Au téléphone il décrit sa situation conjugale et familiale. Cet homme a 42 ans. Il a quitté le domicile conjugal il y a cinq ans ; la longue et pénible procédure de divorce a trouvé sa conclusion il y a un an. Il a donc deux fils, Gérard et Damien, âgés respectivement de 18 et 15 ans. Ceux-ci vivent chez leur mère et voient leur père environ un week-end sur deux. Ils savent que leur père « vit » avec une autre femme dont ils ne connaissent rien, ils ne l'ont jamais rencontrée. Lorsqu'ils se rendent au domicile de leur père, elle est toujours absente et visiblement cet homme ne souhaite pas une rencontre entre elle et ses deux fils. Il explique longuement qu'il craint les réactions de son ex-épouse qui est restée toujours très possessive. Il repousse à plus tard cette possibilité.

Le thérapeute les reçoit donc d'emblée tous les trois en ne cherchant pas à voir les deux parents ensemble étant donné la nature de leurs relations actuelles.

THÉRAPEUTE : Monsieur, vous avez donc pris contact avec moi pour que nous nous voyions ensemble avec vos deux fils… aujourd'hui. Qu'attendez-vous de cette rencontre ?
LE PÈRE : Effectivement… j'ai souhaité cette rencontre parce que depuis quelques mois j'ai l'impression que nos relations… disons… sont moins bonnes, moins bonnes qu'avant. Ce que je souhaite exactement, c'est comprendre un peu ce qui se passe, comprendre pourquoi nous en sommes là…

Cette toute première interaction avec le père est déjà très intéressante en elle-même. Ce qu'il énonce d'emblée est bien sûr une demande, mais cette demande n'est pas anodine car elle se fait d'abord devant ses enfants, ensuite parce qu'elle concerne la compréhension d'une relation à laquelle il participe directement.

Ce père demande une aide pour mieux tenter d'expliquer ce qu'il construit lui-même en partie ! D'emblée, il se disqualifie devant ses deux fils ; ceux-ci ont probablement le sentiment que la même histoire se répète sans cesse : le père demande, mais il ne donne pas, et plus il demande, moins il donne. Le thérapeute se sent disqualifié car le père se sert du contexte de la thérapie pour s'abaisser lui-même. Il cherche à se donner bonne conscience en se démontrant, ainsi qu'à ses enfants et à leur mère, qu'il aura tout fait pour améliorer la situation y compris par cette démarche envers un thérapeute. Les réactions de ses deux enfants sont donc prévisibles :

GÉRARD : (*avec une certaine violence et de l'irritation*) C'est toujours pareil avec toi, t'es jamais au courant de rien ! Tu comprends jamais rien…
LE PÈRE : Comment ça… qu'est-ce que tu veux dire ? Je ne comprends pas du tout…
G : Je ne vois pas l'intérêt de venir ici…
DAMIEN : (*un peu plus calmement*) Oui, je suis tout à fait d'accord avec Gérard… si c'est pour nous faire encore des reproches… on en a assez… c'est vrai qu'avec toi c'est toujours la même chose, une fois de plus…
LE PÈRE : Oui, toi… parlons-en de tes études… de ton dernier bulletin scolaire… c'est une des choses dont je voulais parler ici parce que ça ne va pas… C'est quand même facile de critiquer alors que tu es déjà en train de rater ton année scolaire…

Dans une telle situation, l'incompréhension s'installe très rapidement parce que chacun vient avec le ressentiment qui s'est accumulé au cours des années. Le décor est donc vite planté, il correspond aux interactions habituelles entre ce père divorcé et ses deux fils. À l'évidence, dans une séance de thérapie il est inutile d'en rester là, c'est-à-dire dans la poursuite d'un consensus, en cherchant à les mettre en accord. Il faut aller au-delà de cette logique de conflit en changeant de registre. Pour cela, le thérapeute s'adresse à Gérard, qui est l'aîné :

THÉRAPEUTE : J'aimerais que tu puisses essayer de définir maintenant la toute petite chose, je dis bien la toute petite chose, que tu pourrais recevoir de ton père…
GÉRARD : (*d'abord avec ironie avant qu'il ne devienne plus conciliant*) Quoi ! … De mon père… vous voulez rigoler… il n'y a absolument rien à attendre… vous le connaissez mal… de toute façon il s'en sortira toujours très bien, je ne suis pas inquiet pour lui, il s'en est toujours sorti…
T : La toute petite chose… peut-être quelque chose auquel tu n'as jamais pensé jusqu'à ce jour…
G : Quelque chose auquel je n'ai jamais pensé jusqu'à aujourd'hui… c'est difficile ça… c'est vraiment difficile… vous me demandez une chose difficile…
T : Une toute petite chose…
G : (*après quelques instants de réflexion*) En fait, c'est une chose importante… je m'en rends bien compte… c'est qu'il m'écoute ou qu'il nous écoute tous les deux sans nous interrompre et sans vouloir toujours avoir raison comme il l'a toujours fait… il veut toujours avoir le dernier mot…
T : Oui, tu as raison, c'est une grosse chose… une très grosse chose. C'est plus facile de commencer par des petites choses. Quel est ton avis là-dessus Damien ?
DAMIEN : Oui… il a raison. Tel que je le connais, je ne suis même pas sûr que ça soit possible… il y va un peu fort… (*en rigolant*) il est bien optimiste aujourd'hui…

Le thérapeute s'adresse aux enfants car ils sont depuis longtemps, probablement bien avant la séparation, dans un rôle de parents vis-à-vis de leurs propres parents. Ils ont ainsi pris l'habitude de donner plus que de recevoir. Il s'agit de modifier cette logique pour en arriver à ce que le père donne quelque chose à ses fils.

Proposer aux fils de le décider est une manière de les aider à s'aider en modifiant, même de très peu, l'image qu'ils ont depuis longtemps de leur père.

Ce dernier ne peut refuser car c'est lui qui a eu l'initiative de cette rencontre et il peut difficilement refuser de collaborer avec le thérapeute et avec ses enfants. Nous sommes déjà loin de la demande initiale du père qui était de l'ordre de la compréhension. Nous sommes passés dans le registre du « faire ». La demande des enfants est importante, ce qui montre bien qu'ils attendent encore quelque chose même s'ils ont été très souvent déçus. De ce point de vue, ils se trahissent en acceptant de « montrer » une demande qui n'est pas loin d'être caricaturale. Ils montrent en fait l'espoir qu'ils ont gardé de pouvoir recevoir quelque chose de leur père. Le problème est que les enfants mettent la barre bien trop haut. Leur demande est à la fois très importante et très floue. Il s'agit de définir une demande beaucoup plus accessible :

THÉRAPEUTE : Je m'adresse à toi Damien et à toi Gérard… Ce que vous attendez de votre père est trop important… Vous risquez probablement encore une fois d'être déçus. Je vous remercie d'avoir répondu à ma question, mais j'aimerais, maintenant, que vous puissiez définir une demande à la fois plus simple et plus concrète…
DAMIEN : Comme quoi par exemple ?!
T : Quelque chose de simple et de concret… (*s'adressant au père*) Est-ce que c'est clair pour vous, monsieur ?
LE PÈRE : Oui, oui, tout à fait…

Les enfants cherchent l'appui du thérapeute car ils attendent de lui le rôle de père. Évidemment, il ne peut l'accepter car cela disqualifierait encore une fois leur propre père. Il cherche plutôt à s'appuyer sur lui pour faire « travailler » les enfants.

THÉRAPEUTE : Alors, vous avez une idée, l'un ou l'autre… quelque chose de simple et de concret…
DAMIEN : Ouais… moi j'ai une idée… (*se tournant vers son frère*) et toi, Gérard ?
GÉRARD : Non, vas-y !
D : Eh bien voilà, on aimerait bien rencontrer ton amie… celle avec laquelle tu vis…
T : Monsieur ! ?
LE PÈRE : Eh bien… Euh… Comment dire… ?
G : Pas tout de suite… mais… bientôt…
LE PÈRE : (*encore avec réticence*) Alors c'est d'accord… ?
T : (*s'adressant aux deux enfants*) Probablement que vous n'êtes pas obligés d'en parler à votre mère…
D : Certainement pas… je ne vois pas pourquoi nous en parlerions à notre mère… elle a sa vie et papa a la sienne… ça ne la concerne pas…

Qualifier un père est toujours difficile, surtout lorsqu'il ne se montre pas très coopérant. Cela ne peut se faire, dans un premier temps, que sur des petites choses, sur des détails. Dans ce cas, il a fallu près d'un an, en voyant alternativement le père et les deux enfants, pour leur apprendre à donner et à recevoir. Dans un second temps, il a été possible de voir les parents ensemble. Il était alors nécessaire d'aider la mère à pouvoir imaginer et accepter que le père de ses deux fils puisse changer lui-même.

L'analyse de toutes ces situations, de toutes ces souffrances, m'a amené à considérer que l'homme tout autant que la femme participaient à une même logique, celle de la disparition du lien de couple tel qu'il a pu se constituer depuis plusieurs siècles. Tout se passe comme si chacun « reprenait ses billes » dans ce jeu où le lien conjugal était devenu un lieu commun de partage et de connivence.

Pour résumer mon propos, jusqu'à ce point de ma démonstration, je dirais que la femme s'autonomise du couple pour assumer et assurer à elle seule la reproduction et l'élevage des enfants. Pendant ce temps-là l'homme redevient un nomade qui parcourt le monde à la recherche de nouveaux territoires et de nouvelles conquêtes. C'est ici qu'interviennent mes deux références métaphoriques : pour lui, la pratique et la pensée informatique et, pour elle, la Vierge Marie.

5

Superbog

Pour représenter, en prenant le risque de la caricature, ce qu'est l'homme actuel il me faut, il lui faut donc un modèle. Un modèle qui dessine, aussi clairement que possible, les contours des hommes auxquels les femmes se confrontent actuellement. Les modèles sont réels ou mythiques. Casanova a réellement vécu alors que Don Juan est un mythe. Avant de décrire ce qui me semble être l'archétype de l'homme actuel, disons le modèle dominant, il faut d'abord faire rapidement le tour des modèles dépassés.

Pour définir ce modèle d'homme, le domaine de l'informatique me paraît absolument incontournable pour la simple et bonne raison que l'informatique constitue une activité essentiellement masculine, aussi bien dans sa conception que dans sa fréquentation. Ce sont des hommes qui conçoivent les machines et les programmes et ce sont eux qui s'y adonnent le jour, le soir, la nuit, le week-end et même pendant les vacances. Toutes les femmes vous le diront…

La faillite des modèles anciens

Nous allons voir que les modèles anciens ne sont plus efficaces, ou qu'ils ne le sont que très partiellement.

Ils ne s'imposent plus comme ils ont pu le faire à certaines époques ou en certains lieux. Comme de vieux habits usés et défraîchis, ils demandent à être rangés au magasin des souvenirs.

Le séducteur

L'homme séducteur s'est effacé au profit de l'homme séduit. C'est ce qui fait que le séducteur collectionneur, comme Don Juan, tout comme le séducteur plus sophistiqué tel qu'a pu l'être Casanova, n'a plus la cote. Ils sont même raillés et moqués tout autant par les femmes que par les hommes. Le séducteur a laissé la place au séduit. La femme séduit tout autant que l'homme, il n'est plus seulement le chasseur mais également le chassé.

Si le séducteur est désavoué, la séduction reste éternelle. Mais elle est partagée entre l'homme et la femme. Elle n'est plus agressive ou même intrusive, elle se doit d'être indirecte et, d'une certaine façon, plus élégante. La séduction, paradoxalement, ne se montre plus, elle se suggère.

Le modèle « macho »

De même que le séducteur, le modèle « macho » est mal vu. Le terme même est devenu péjoratif. Les féministes s'en sont abondamment moquées. Le macho est devenu un animal instinctuel qui n'obéit qu'à ses pulsions et se montre incapable du moindre sentiment ; il est présenté comme un être froid et impulsif, atteint d'une monomanie qui le conduit dans les voies, sans cesse parcourues, du *zapping* sexuel. C'est un produit de certaines contrées exotiques, de l'autre côté de l'Atlantique par exemple, où les femmes, c'est bien connu, adorent ce genre de comportement.

Ce qui marque bien la « déchéance » du macho, pour l'illustration de la masculinité, est que ce type de virilité a été « récupéré » par les hommes homosexuels. Ces derniers sont devenus tout muscle et tout cuir, en abandonnant les attributs classiques de la féminisation. Ils l'ont ainsi caricaturé en se l'appropriant pour inverser totalement et radicalement la polarité sexuelle : l'homosexuel se masculinise pour mieux féminiser l'hétérosexuel. C'est bien parce qu'il se montre plus « homme » que la plupart des hommes qu'il ne l'est plus. Ils ont ainsi gagné d'être mieux respectés en s'appropriant un pouvoir que les hommes, les « vrais », ont visiblement abandonné.

Pour la femme, un homme, un « vrai » est un homme qui allie les qualités de l'homme et de la femme. Il est tout aussi protecteur que susceptible d'être protégé.

Le modèle romantique

L'amant soupirant près d'antiques ruines, sous un clair de lune blafard, attaqué par la phtisie et la mélancolie, ne fait plus recette. Le sanatorium et les antibiotiques sont passés par-là. Il devient donc très difficile pour l'homme de pratiquer cette forme de séduction, alors même que beaucoup de femmes le regrettent. Elles ne sont pas, bien évidemment, nostalgiques de la description que je viens de faire, mais utilisent volontiers le terme de « romantique » pour évoquer l'homme de leurs rêves. Ce qui les intéresse avant tout est que cet homme puisse être protégé, mais pas uniquement.

Leur modèle romantique correspond à un homme attentionné, tendre et disponible, qui anticipe leurs désirs et leurs attentes. Il est même, de ce point de vue, quelquefois plus féminin qu'elles et partage les mêmes valeurs quant à la qualité de la relation. C'est Léon, amoureux d'Emma Bovary. Dans ce sens-là, l'homme romantique peut avoir un avenir car la féminisation de l'homme est une des ambitions de la femme. Elles y sont d'ailleurs parvenues en grande partie.

L'homme moderne : Superbog

Superbog[1] n'est ni mythique ni réel, il est les deux à la fois. Il est, par définition, virtuel : il existe dans une certaine réalité dont il convient simplement d'en définir les limites et les caractéristiques. Cette réalité a toutes les apparences de la réalité qu'elle cherche d'ailleurs à copier, sans en avoir la saveur. Ce qui caractérise le virtuel est qu'il n'implique pas ; il est, par nature, le lieu du contrôle absolu et instantané de la relation.

Bien évidemment, Superbog est un homme. Il est un homme supervirtuel. Son domaine, son monde, sa seule réalité est l'informatique. L'informatique a été inventée par des hommes, d'abord et avant tout pour les hommes. Il est probable qu'un jour certaines femmes revendiqueront ce territoire, mais il n'est pas sûr qu'elles y gagneront beaucoup.

Nous ne sommes pas ici dans le domaine du mythe qui est habituellement « initié » et fixé par un

---

1. Le terme « bogue », normalement de sexe féminin, est la traduction de l'anglais *« bug »*. Il définit une « erreur de programmation se manifestant par des anomalies de fonctionnement ». Selon la rumeur, ce terme trouverait son origine dans le fait qu'un insecte (*« bug »*), plus exactement un papillon de nuit, a provoqué la défaillance d'un des premiers ordinateurs, en 1947, le Mark2.

individu. Les quelques personnes qui pourraient prétendre avoir participé à la définition de Superbog, comme Steve Jobs, Bill Gates ou Steve Case[1], ont pour handicap d'avoir réussi leur trajectoire professionnelle. Or un mythe est avant tout marqué par la dureté du destin ou la violence du malheur. Le mythe n'est pas facilement fréquentable.

Vous avez probablement rencontré Superbog, mais vous n'avez probablement pas été capables de l'identifier, car la plupart de ses caractéristiques sont elles-mêmes invisibles. Il s'agit d'un être simple et actif, qui sait se montrer présent par les petits bruits qu'il émet à de réguliers intervalles. Il est volontiers furtif et offre peu de prise à la reconnaissance. Pourtant Superbog a besoin de se faire aimer, mais il s'y prend généralement assez mal. Nous verrons que, par définition, le contact direct avec les autres êtres humains obéit à des règles assez spécifiques.

Hors du temps

Superbog est d'abord et avant tout hors du temps. C'est là sa première caractéristique. Il n'y a pas loin entre être hors du temps et hors du jeu et donc hors jeu, c'est même là une frontière qu'il franchit très facilement sans en être vraiment conscient. Pour l'informaticien le temps n'existe que dans le présent immédiat. Il se maintient dans l'illusion qu'il est éternel et que son activité est intemporelle. Les échéances n'existent pas, sauf à très court terme. Il sait s'y plier mais se montre incapable de se projeter dans des échéances plus

1. Steve Jobs, premier patron d'Apple ; Bill Gates, patron de Microsoft ; Steve Case, patron d'AOL.

lointaines. Par exemple, les fins de siècle et de millénaire n'existent pas pour lui. Il les ignore superbement à l'inverse d'autres personnes pour lesquelles ces échéances sont synonymes de fin du monde. Les premiers permettent ainsi aux seconds de renforcer leurs craintes. Superbog est très utile pour les voyantes et astrologues de tout poil qui ne manquent pas d'être très sollicités dans ces périodes de grande incertitude.

Cette absence de réalité temporelle fait qu'il en arrive souvent à oublier la succession des jours et des nuits. Il n'est pas sensible à la lumière du jour mais seulement à celle de son écran plus ou moins plat et plus ou moins éclairé. Cet écran focalise son regard, ce qui rend transparents et invisibles d'autres êtres humains qui peuvent vivre et graviter autour de lui. La seule mesure du temps à laquelle il accède est celle du mégahertz. Il définit ainsi, dans l'extrême agitation du microprocesseur, le rythme de pulsation du petit cœur qui cadence la vie de ses machines. Plus ce cœur bat vite, plus il est satisfait. Cela lui permet d'avoir de plus en plus d'activités car il se sent alors libéré de sa machine ce qui est, bien sûr, une illusion. Les avancées technologiques ne lui permettent pas de gagner du temps, à l'inverse il est pris dans une fuite en avant qui ne semble pas avoir de limites. L'idée de « gagner » du temps n'effleure jamais l'esprit de Superbog, il ne peut compter ce qui n'existe pas pour lui, il laisse cela aux autres et les ignore complètement.

Les activités de Superbog ont aboli l'emprise des faisceaux horaires, c'est-à-dire l'écoulement du temps à l'échelle de la planète et donc le mouvement de la Terre sur elle-même et autour du Soleil. La mondialisation de certaines activités permet d'agir en « temps réel », donc hors temps, dans l'instantané. En fait le temps ne peut pas être plus ou moins réel puisqu'il ne s'écoule pas, il n'y a pas de délai ni d'échéances.

Beaucoup d'entreprises ont compris que, de ce point de vue, Superbog est un employé modèle incapable de compter son temps de travail. Par exemple, dans le centre de recherche de Microsoft, les jeunes chercheurs n'ont aucune contrainte horaire, ce qui fait que le parking est constamment plein, jour et nuit.

Le goût des défis

Superbog aime les défis, c'est ce qui lui permet précisément d'être hors jeu, c'est-à-dire quelque part ailleurs. En cela, l'homme Superbog rejoint l'immense cohorte de ses ancêtres mâles pour lesquels il n'est pas de plus grande preuve de masculinité que de relever des défis, même les plus stupides. Les femmes qui, en cela, les imitent ne gagnent pas toujours à être connues. Ce qui caractérise l'essentiel des activités de Superbog est qu'elles ne génèrent aucun terme accessible. L'industrie informatique a bien compris qu'elle pouvait, à un rythme effréné, proposer sans cesse de nouveaux produits. Cela donne à Superbog la possibilité de relever de nouveaux défis. Il sait qu'il est impossible d'aller jusqu'au terme de la connaissance d'un programme ou d'un outil, cependant il s'engage aveuglément dans leur exploration. Surtout, la complexité des systèmes auxquels il se frotte permet l'émergence de problèmes qui constituent, pour lui, de nouveaux défis.

En ce sens, Superbog est non seulement obstiné mais souvent obsessionnel. Il devient très rarement un Superbof qui peut se permettre de traiter à la légère les outils qu'il utilise et les problèmes qu'il rencontre. Il prétend volontiers que l'informatique est quelque chose de sérieux et de logique qui ne souffre aucun laisser-aller.

De ce point de vue là, il lui paraît évident que l'informatique ne peut être une activité féminine. Pour lui, son activité est même « monstrueusement » sérieuse. C'est ce qui fait que, dans son monde, il y a les Superbogs et les autres. Il traite généralement ces « autres » avec mépris. L'importance qu'a prise l'informatique dans notre société le conforte dans cette attitude.

Lorsqu'il lui arrive de mêler l'argent ou le sexe, ce qui est la même chose, et l'informatique cela prend l'aspect de ce qu'on appelle la toile, ou le *web*, c'est-à-dire Internet. Le défi est ici à la mesure de la planète et de la variété des modes de relation qui peuvent ordonner les relations humaines.

Le besoin de résoudre des problèmes

Ce qui permet surtout à Superbog de rester dans une logique de défi est l'apparition continuelle de problèmes. Il « génère » en effet un tout petit peu plus de « bogs » qu'il n'en résout, il en a besoin pour se sentir utile. D'où son nom, qui n'est en rien négatif, puisque c'est ainsi qu'il existe. Ne lui dévoilez surtout pas ce mécanisme, il serait capable de vous coller une rustine sur le visage. Superbog a l'air sérieux et même débordé. Dans la plupart des cas il émane de lui un stress qui lui donne cet air absorbé et même absent.

Il a une approche très binaire de toute situation et encore plus de toute résolution de situation. Il s'échappe volontiers dans les extrêmes, car il méconnaît volontiers la subtilité des nuances. Pour lui, tout est blanc ou noir ; le gris ne peut être que celui du matériel qu'il utilise encore que la mode semble s'emparer de l'aspect de ces engins-là. Il ignore largement les couleurs sauf lorsqu'il devient enfant avec ses propres enfants.

Superbog ne se déplace dans sa réalité que muni d'une boîte de rustines. Comme pour la chambre à air d'un vélo, la rustine vient colmater un tout petit trou. Les rustines ont pour avantage de pouvoir être « rustinées » elles-mêmes. La rustine supporte très bien la rustine. Elle se plaît en la présence de ses congénères, on peut même considérer qu'elle prolifère ainsi bien mieux. La rustine n'engage à rien, elle permet de ne pas avoir à se poser la question de changer la chambre à air et encore moins la roue. Superbog tombe des nues lorsqu'il est obligé d'admettre, généralement pour un court instant, que le problème est sérieux. Il lui semble alors possible de très vite considérer qu'il est indispensable et qu'il n'a rien à remettre fondamentalement en question de son propre comportement ou de la teneur de ses prises de position.

Les problèmes auxquels Superbog se trouve confronté ne sont jamais des problèmes relationnels, donc humains. Ce sont des problèmes logiques, c'est-à-dire à la fois bien plus simples et bien plus complexes. Ils sont plus simples parce qu'ils peuvent être entrés dans l'ordinateur ; son intelligence ou ce qui en tient lieu paraît être en mesure de les apprivoiser ainsi. Ils sont plus complexes parce qu'ils risquent de remettre en question l'ensemble d'une procédure. La complexité est vite remplacée par le rustinage. Le rustinage est le mode d'appréhension de la réalité préféré de Superbog. En ce sens, il a réussi à construire un monde où tous les problèmes sont susceptibles d'être résolus, ce qui n'est pas rien !

L'absence de ratures

Il y a dans le travail et les activités de Superbog une propreté exemplaire. Tout y est parfaitement lisse, aucune aspérité n'est apparente. Aucune erreur ne laisse de trace, aucun repentir ne vient altérer le bel ordonnancement de ce qu'on peut appeler une « production ». L'ordinateur permet d'effacer, et donc d'oublier, tout ce qui ressemble au passé. Il ne fonctionne que dans le présent, tout comme son maître. C'est ce qui fait qu'il ne montre, et ne trahit, aucune historicité. Là encore, le temps qui s'écoule et qui corrige sans cesse son œuvre n'a aucune existence. L'écran ne restitue que l'état idéal de l'œuvre en cours. Il faut aller chercher, quelquefois péniblement, dans l'intimité de sa mémoire et de son disque dur les déclinaisons successives de cette œuvre. Il n'y a donc pas de ratures, aucune erreur apparente ne vient « salir » le travail.

Superbog est donc propre dans son travail, mais pas toujours sur lui. Il met tout son amour de la netteté dans ce qu'il produit, car il lui paraît impossible d'imaginer fournir de l'à-peu-près ou du vague. Son aspect n'a donc pas toujours le polissage de ce qu'il produit, mais il n'en a cure, par définition.

Superbog et l'argent

Superbog entretient avec l'argent un lien très étrange. Là encore, en première analyse, il peut paraître paradoxal : il l'aime tout en s'en désintéressant.

Il semble s'en désintéresser car l'argent reste pour lui, en grande partie, une virtualité, un possible et un devenir. Il le dépense surtout pour s'acheter de nouvelles machines et tout ce qui les entoure et que son imagination débordante appelle des périphériques. Quant au reste, qui constitue généralement un poste de dépenses important, c'est-à-dire les loisirs, il n'en a tout simplement pas le mode d'emploi. Sa femme ne manque pas de lui rappeler qu'il existe un temps en dehors de son clavier, mais il reste facilement sourd à ces remarques plus ou moins acerbes et plus ou moins porteuses de menaces. Comme beaucoup d'adolescents Superbog n'est pas très prévoyant dans la gestion de ses finances, ou alors à très court terme. Il y applique sa conception du temps, ou plutôt sa non-conception de la durée. Ici également, sa vue est très courte et il peine à voir plus loin que le budget qu'il peut avoir à gérer sur un mois ou même sur une ou deux semaines.

Lorsque Superbog parle de l'argent il utilise, comme il aime le faire, un terme assez barbare qui est celui de « stock-option ». Cette chose correspond à un pari sur l'avenir, elle peut ne rien valoir comme prendre une valeur considérable. Une stock-option — puisqu'il s'agit d'un objet féminin — lui permet de se dévouer encore plus à son travail et à son entreprise, comme s'il avait besoin d'arguments supplémentaires. Son employeur ne peut que s'en féliciter. Dès lors son rêve, et même le summum de son plaisir, se joue dans l'introduction en Bourse des actions de cette même entreprise. Pour lui l'argent, et ses enjeux, se résume à cette pénétration qui obnubile ses pensées pendant des mois et même quelquefois des années. Il ne pense qu'à cela !

L'argent est donc plus un défi qu'un moyen, bien davantage un passage qu'un objectif. En effet, Superbog est intéressé par l'argent dans la mesure où il a besoin, d'abord et avant tout, de le manipuler. Il est pourtant tout l'opposé d'un Harpagon, car il ignore totalement ce que sont les espèces sonnantes et trébuchantes. La seule manipulation qu'il connaisse est celle de l'argent virtuel, c'est-à-dire celui qui s'affiche dans une case de son écran d'ordinateur ou sur la ligne d'un site boursier. Il ne s'agit donc pas d'un argent sonnant et trébuchant mais d'un argent clignotant : il s'éteint ou il s'allume, il est absent ou présent, il part et il revient, il grossit ou diminue jusqu'à disparaître parfois totalement. Cet argent est d'abord et avant tout inscrit, il est même inscrit partout, donc nulle part. Pour lui l'argent correspond à un flux qu'il cherche à développer, il aime les chiffres longs qui se déplacent d'un point à un autre de la planète pour se poser ici ou ailleurs afin de mieux grandir encore.

Une des inventions les plus remarquables de Superbog est d'avoir transformé toute relation et tout lien en un acte foncièrement commercial. Les machines qu'il a inventées et développées permettent de faire de l'information, sous toutes ses formes, la denrée commerciale la plus répandue qui soit car elle est devenue, de façon insensible, indispensable et incontournable. Nous n'existons que dans la communication et dans l'information. Nous sommes dans un monde où ce qui était jusque-là tout à fait naturel, c'est-à-dire communiquer, s'impose comme étant l'unité vitale d'existence. C'est ce qui fait que, d'une certaine façon, Superbog est plus intéressé par le lien virtuel que par l'argent.

La délégation

Superbog délègue avec une très grande facilité. Il a appris depuis longtemps qu'il est incapable de tout faire. Il y trouve l'occasion de rencontrer d'autres Superbogs. Même s'il a avec eux des contacts généralement assez brefs, cela lui donne le sentiment d'appartenir à une communauté dont il met en avant les avantages. Il s'agit d'une fratrie assez étendue ; les liens se sont tissés sur les bancs de l'école ou de l'université. Ils parlent surtout le même langage qui reste tout à fait abscons pour ceux qui n'entendent rien à l'informatique. Ces langages s'appellent Unix, Cobol ou Fortran. Ils permettent de dialoguer, comme il convient de dire, avec la machine. Chacun sait cependant que ce dialogue est des plus ternes qui soient et qu'il ne remplacera jamais, par exemple, les subtilités excitantes de la rencontre amoureuse.

Superbog accepte donc volontiers qu'un autre que lui vienne poser sur son problème, même le plus intime, une plus ou moins nouvelle rustine. Il lui paraît donc évident que tous les autres hommes sont des *alter ego*, d'autres Superbogs. Le monde est peuplé de Superbogs, qui ne peuvent que savoir résoudre des problèmes de Bog et de Superbog. Pour lui, le psychothérapeute peut facilement entrer dans son monde puisqu'il s'agit d'abord et avant tout, comme lui, d'un rustineur d'une catégorie certes exotique mais facilement assimilable. Il aura donc tendance à lui laisser, par exemple, sa femme ou ses enfants comme on peut laisser un véhicule chez le garagiste. Bien évidemment, il n'est pas dénué de toute humanité mais il considère facilement qu'un problème relationnel est de même nature qu'un problème d'ordinateur. Pour lui, c'est dans un même état d'esprit que l'un et l'autre peuvent être pris en charge.

Le travail comme un loisir

L'homme informatique existe d'abord et avant tout parce qu'il travaille, il lui arrive donc facilement de travailler bien davantage pour exister un peu plus. Mais il confond très volontiers le travail et les loisirs car il n'existe pas de rupture de continuité entre les deux. Il a inventé le travail à domicile, ce que les machines avec lesquelles il joue — je veux dire il travaille — lui permettent très facilement. L'horizon constitué par son clavier et son écran est le même, quel que soit l'endroit d'où il le contemple. C'est un horizon bleu ou gris qui ne peut cependant être confondu avec aucun paysage connu. La diffusion des portables ne fait que renforcer ce phénomène. Superbog porte ainsi là où il veut son bureau, le meuble et l'immeuble, aussi bien dans un train que dans son lit, à la terrasse d'un café ou au fond d'un terrain de camping.

Il est assez insensible à toutes les législations qui prétendent organiser sa vie professionnelle. Il se sent étranger à ce monde normalisé où il convient de délimiter les contraintes et le plaisir. Il trouve, par exemple, parfaitement normal de s'échapper quelques instants, plus ou moins étendus, sur la toile pour entretenir, à bon compte et sans prendre de grands risques, ses fantasmes sexuels. À la limite cette possibilité fait partie pour lui de son travail et de ses droits acquis, donc sacrés. Il ne manque pas de les revendiquer.

Il est probable qu'il retrouvera chez lui la même machine, ce qui lui permet, de nouveau, de mêler vie professionnelle et vie privée, cette fois-ci en sens inverse. Seule sa femme, ou ce qui en tient lieu, aura peut-être l'outrecuidance de prétendre établir une frontière entre l'une et l'autre, ce qui ne manquera pas de le faire parfois réagir avec violence en considérant que décidément elle ne comprend vraiment rien au monde qui les entoure.

Les liens virtuels

Superbog aime les liens virtuels : comme je l'ai déjà précisé, ils n'engagent à rien. Un lien virtuel est un lien qui a l'apparence de la réalité sous tous ses aspects mais qui peut être interrompu par une simple pression sur un bouton appelé « interrupteur », ce qui est merveilleusement confortable. Tous les boutons sont des interrupteurs de liens même s'ils donnent surtout le sentiment de pouvoir « démarrer » quelque chose. Il s'agit là d'un lien très facile à contrôler, car il est possible de s'en échapper à chaque instant.

L'objet que le lien virtuel permet d'approcher est à la fois présent et absent, proche et éloigné, intrus et étranger, car il est soumis à la toute-puissance d'une possibilité de contrôle instantané. Superbog est à la fois connecté et déconnecté. Cette virtualité lui donne un sentiment d'omnipotence dont il ne se prive pas et qu'il a tendance à appliquer dans plusieurs domaines de son existence.

Le nomadisme et l'enfermement

Il existe trois catégories de Superbog : le nomade, l'enfermé ou l'union des deux.

Le nomade est autonome et, apparemment, il semble indépendant. En fait, plus il est autonome plus il est dépendant. Plus il se déplace, plus il recherche les liens. Il est dépendant à la fois des outils qui permettent ce nomadisme et il est dépendant des autres. Les outils de son autonomie sont coûteux et complexes, il faut les remplacer fréquemment. Leur maîtrise exige parfois un long apprentissage. Les périodes de test sont souvent très périlleuses. Tout cela fait que le nomade est très fragile car il dépend de la technique qu'il expérimente sans le savoir.

Curieusement, le nomade a constamment peur d'être seul, alors qu'il donne le sentiment de vouloir être détaché de tout et surtout des autres. En fait, il passe l'essentiel de son temps à tenter de rentrer en contact avec les autres. Les prétextes sont quelquefois futiles et dérisoires[1]. Lorsqu'on le lui reproche, Superbog pense volontiers qu'il lui est toujours très utile de tester son matériel. Il adore qu'on lui dise que ce matériel fonctionne bien. Il est vrai qu'il s'est souvent donné beaucoup de mal pour l'acquérir et pour avoir le sentiment de le maîtriser. Il porte sur lui tous les outils qu'il a appris à utiliser à son travail ou à son domicile. Il s'agit donc d'un nomadisme sophistiqué qui ne recherche pas la solitude mais, tout au contraire, le plus grand nombre de liens qui ont pour caractéristique d'être, bien sûr, virtuels.

Il est des professions qui facilitent ce nomadisme. Superbog les a envahies car les déplacements sont, pas définition, le domaine des problèmes insolubles. Comme il a fait quelques études il connaît bien, par exemple, le problème, notoirement difficile, du voyageur de commerce qui doit déterminer le chemin le plus court entre toutes ses étapes.

Ce reclus est discret mais il lui arrive de devenir parfois dangereux[2], une espèce nouvelle de terroriste. Il croit et pense se développer dans un environnement de câbles, d'écrans et de revues spécialisées. Il fait peu de bruit et dépense peu d'énergie. C'est ainsi qu'émergent alors dans sa tête des sentiments de toute-puissance et de destruction. Comme il est seul, il peut facilement croire qu'il est le meilleur et le plus fort. Il cherche donc à montrer cette force. Il est alors volontiers intrusif dans la vie des autres, c'est-à-dire dans leurs ordinateurs. Les grandes organisations l'attirent et le

---

1. C'est ce qui fait qu'il utilise beaucoup le téléphone portable. Sa femme, lorsqu'elle lui répond, ne lui dit plus : « Allô ! », mais : « T'es où ? »

2. Lorsqu'il se livre aux joies du viol informatique il devient, selon le terme anglais, un « *hacker* ».

fascinent. Il se donne comme défi de les « pénétrer » pour y semer la pagaille ou pour, tout simplement, y laisser les traces de son passage. En fait, plus il est seul, plus il se pose à lui-même des défis de plus en plus importants. Le Superbog dans sa réclusion est donc « nulle part », il ne peut être nocif que dans l'anonymat et ne doit donc pas être localisable. Il s'agit en fait d'un supernomade qui sait être partout à la fois.

Certains d'entre eux cultivent, dans une subtile alternance, tant le nomadisme que l'enfermement. Ils semblent plus équilibrés que les autres. Ces Superbogs-là semblent avoir une vie familiale et affective plus satisfaisante.

Le nomadisme entraîne une confusion entre divers outils. Par exemple, l'ordinateur et le téléphone portable semblent pouvoir, à ce jour, être voués à fusionner. Les possibilités de liens peuvent être ainsi accumulées pour servir toujours la même logique : la confusion entre la distance et la séparation.

Le détachement

Superbog sait se détacher, c'est même là un de ses principaux atouts dans le monde du travail. Il « surfe » sur le besoin en informaticiens qui le rend indispensable et même vital pour de très nombreuses entreprises. Il sait donc partir avec un minimum d'états d'âme. C'est ce qui fait qu'il donne quelquefois le sentiment d'en avoir précisément très peu, de cette âme qui donne de l'épaisseur et de la consistance aux êtres humains, mais il s'agit là d'un jugement probablement hâtif et sommaire qui ne rend pas compte de la complexité de son « fonctionnement ».

Cette capacité à prendre de la distance en fait en quelque sorte une espèce de mercenaire qui s'attache plus aux tâches qu'aux personnes, plus à l'informatique en elle-même qu'à l'entreprise à laquelle il peut appartenir pour un temps. Il aime et a besoin de se dévouer à un programme ou à un projet comme d'autres savaient faire la guerre au nom de n'importe quelle cause en passant d'un capitaine à un autre, d'une bannière à une autre.

Cette mobilité des informaticiens a des conséquences importantes sur le fonctionnement des DSI (direction des services informatiques) de la plupart des grandes entreprises. Leur sentiment d'appartenance à la structure est des plus faibles, ils sont donc très difficiles à manager et à contrôler. Leurs liens avec les autres n'obéissent pas à une logique hiérarchique, ce pour quoi ils se montrent très rétifs. En fait, ils agissent entre eux et s'organisent comme des enfants dans une cour de récréation. Cela signifie que des bandes se constituent, pour un temps et autour d'un même objectif et d'un même projet, pour se désagréger ensuite très rapidement et se reformer le lendemain sous une autre configuration.

La durée de vie de l'informaticien dans le service informatique peut donc être très brève ; rien ne ressemble plus à un ordinateur qu'un autre ordinateur et donc une DSI à une autre DSI ! Il s'agit là d'un service qui ne se conçoit que dans l'autosuffisance, totalement détaché du type d'activité de l'entreprise.

Il est facile de comprendre que Superbog peut être tenté d'appliquer à sa vie affective la « biodégradabilité » qu'il est habitué à organiser dans sa vie professionnelle. Bien évidemment il ne s'agit là, le plus souvent, que d'une tentation.

La violence virtuelle

Dans la virtualité de ce monde, une mention très particulière doit être faite pour tout ce qui concerne la violence. Superbog n'est pas méchant, comme la plupart des êtres humains, il n'aime pas la violence mais il ne peut l'éviter car le monde dans lequel il vit n'en est pas exempt. L'existence et l'irruption possible de cette violence lui posent donc un problème. Il l'a résolu en grande partie en « virtualisant » toute la réalité. La maîtrise de la technique lui permet de troubler constamment et facilement la frontière qui sépare précisément la réalité de la fiction. Ainsi, par exemple, il manipule les images qui proviennent d'autres réalités que la sienne. Il n'est pas toujours conscient du fait que cette confusion, soigneusement entretenue, est en elle-même violente.

La virtualisation de la réalité, souvent pour en corriger la violence, introduit une nouvelle violence que Superbog ne reconnaît pas facilement. Il est devenu l'instrument et le réalisateur d'un cybercontrôle de la réalité. La richesse des différences disparaît dans cette entreprise de nivellement.

Un bouc émissaire facile

Superbog sait être un bouc émissaire. Il en a acquis l'habitude dans son cadre professionnel. En faisant de l'informatique le pourvoyeur essentiel, sinon exclusif, de liens au sein de son entreprise, il a très vite compris que cet outil peut être accusé de tous les maux. Lorsque quelque chose ne va pas, ce sont toujours les « reliants » qui sont accusés, ce sont toujours ceux qui sont en situation d'établir les liens avec les autres qui sont à l'origine de toutes les erreurs, des omissions ou des incompréhensions. En ce sens Superbog a remplacé le coursier qui était censé distribuer les informations à l'intérieur ou à l'extérieur de l'entreprise. À l'évidence, il pense que son rôle est bien plus noble et bien plus évolué.

Avec l'arrivée de l'an 2000, Superbog a appris à être montré du doigt. Il a compris que, problème ou pas, les informaticiens sont accusés soit de n'avoir pas prévu, soit d'avoir prévu pour inventer des risques nouveaux et, par-là, se rendre indispensables. Les Superbogs se sont donc très habilement autobogués pour montrer au monde entier qu'ils étaient devenus incontournables et indispensables. Cette expérience a été très intéressante pour lui, il espère d'ailleurs que ses enfants comprendront tous les enjeux de cette situation, car ils n'auront probablement pas l'occasion de vivre eux-mêmes un tel événement.

Dans son couple et dans sa famille, Superbog prend facilement le rôle de celui qui, par ses absences réelles ou virtuelles, est à l'origine de tous les problèmes. Là, également, il sait être un excellent bouc émissaire ce qui lui permet plus facilement de s'en remettre au thérapeute de couple.

Superbra

Dans sa recherche de liens virtuels Superbog a rencontré, et donc surtout inventé, Superbra. Elle est en quelque sorte son équivalent de l'autre sexe même si la notion de sexe ne lui est pas toujours très familière. En effet, comme il côtoie relativement peu d'êtres féminins, il a été obligé de l'imaginer et de la fabriquer, comme Dieu autrefois, à sa propre image. C'est ce qui fait qu'elle est fondamentalement imparfaite, mais elle l'ignore totalement et, de toute façon, il s'agit là d'une tout autre histoire.

En fait, cette femme est une caricature de femme qui présente plusieurs caractéristiques bien spécifiques.

Bien sûr, Superbra est jeune mais cela n'a rien d'original. Elle est ensuite pourvue d'une poitrine généreuse[1], tous les Superbogs semblent en raffoler car ces appendices agressifs lui permettent surtout de crever l'écran et rien d'autre. Superbog ne peut y être que très sensible. Enfin, et surtout, ses traits représentent le modèle même de la femme métisse universelle donc « exportable » dans le monde entier au travers de la fameuse toile.

Cette image donne en effet le sentiment qu'elle est, à la fois, de partout et de nulle part. C'est d'ailleurs une machine de Superbog, c'est-à-dire un ordinateur, qui en a défini l'universalité des traits. Ainsi, n'importe quel Superbog peut retrouver en elle une partie de ses fantasmes féminins. Elle est la parfaite mosaïque de ce qui peut paraître comme étant l'éternel féminin. Elle rassemble, par exemple, les cheveux courts de la garçonne, les yeux bleus de la belle étrangère ou le galbe de la fille en Harley-Davidson. C'est ce qui fait que Superbra est passe-partout et qu'elle se croit parfaite tout en ne l'étant pas, car il n'est de perfection que dans la perfectibilité. Mais il s'agit là, encore une fois, d'un autre problème qui est trop éloigné de nos préoccupations.

Pour contourner la complexité de l'acte sexuel, Superbog a inventé un non moins complexe appareillage fait de capteurs et de fils, de casques et de brassières, qui donne à chacun, malgré la distance aussi géographique qu'émotionnelle, le sentiment d'être immédiatement envahi par l'autre tout en restant absolument seul. Tout cela rentre bien dans la philosophie relationnelle de Superbog : sa sexualité n'est pas loin d'être totalement virtuelle, comme peut l'être celle de Superbra.

1. Il n'aura échappé à personne que son nom provient de cette remarquable caractéristique.

Le jeu

Comme il aime raconter des histoires, Superbog a bien évidemment tendance à se mettre lui-même en scène. Ce qu'il appelle alors des « jeux vidéo » raconte l'histoire d'autres Superbogs qui évoluent dans des mondes hostiles, parsemés de pièges et donc de violence. Les ennemis sont toujours des monstres pleins de haine et de rouerie. Ces jeux constituent, pour un temps, une récréation ; ils servent d'exutoires et sont vite oubliés. Il les consomme d'ailleurs avec une grande rapidité et ne semble pas s'attacher à eux comme un enfant pouvait s'attacher à un jeu de construction ou à un morceau de pâte à modeler.

Pour désigner ses outils de travail, Superbog utilise le terme générique de « machine » : ma machine fait ceci, ma machine fait cela. Dans le tréfonds de son âme, c'est un bricoleur qui aime jouer avec des objets virtuels en cherchant à se convaincre qu'ils sont réels. Il y parvient aisément grâce à ce terme.

Un être socio-individuel

Superbog est un paradoxe. Cela tombe bien, car ce n'est pas loin d'être à la mode. En effet, il est à la fois social et individuel. Sa reliance, c'est-à-dire sa capacité à être en lien avec d'autres, lui donne le sentiment d'être sociable en même temps qu'il est susceptible de devenir, à chaque instant, profondément solitaire. Il est donc à la fois solidaire et solitaire. Il s'agit de dire simplement et d'une autre façon sa capacité à être simultanément absent et présent. Il l'est donc également, cela est inévitable, dans ses relations aux autres.

La sociabilité de Superbog se joue essentiellement dans son acharnement à être dans le « lien ». Sur la toile il a d'ailleurs récupéré ce terme pour désigner les relations qui peuvent se construire à partir d'un site, pour conduire le navigateur vers d'autres sites et plus loin encore, vers d'autres liens.

Superbog reste cependant un solitaire en puissance. Il peut très facilement s'échapper dans l'anonymat le plus épais et le plus mystérieux. Les procédures de cryptage qu'il est en mesure d'utiliser lui permettent de disparaître dans la seule intimité de sa relation avec sa machine. Il faut faire partie de la communauté des pirates de l'informatique pour avoir quelques chances de retrouver d'autres pirates.

Cette tribu s'est développée à l'échelle de la planète, elle compte probablement quelques centaines de membres qui acceptent de se reconnaître entre eux. Ils tentent d'accomplir, généralement en solitaires, des prouesses virales qui leur permettent d'accéder à cette aristocratie, dès lors adoubés par leurs pairs. C'est dans ces occasions, qui paraissent se succéder à un rythme de plus en plus rapproché, que Superbog se montre le moins sociable qu'il est possible de l'être. Le « pirate informatique » est devenu, de ce point de vue, l'ennemi public numéro un. Même les messages d'amour les plus simples sont devenus synonymes d'infection, qui plus est en l'absence de tout contact charnel !

À quoi ressemble Superbog ?

La virtualité des liens qui le relient aux autres fait que, généralement, Superbog n'est pas vraiment beau. Il est de toute manière fermement persuadé qu'il n'a pas besoin d'être présentable, il n'est même pas sûr qu'il en ait eu l'envie à un moment ou à un autre.

D'abord Superbog n'est pas très sportif. Même si les plus anciens parlent parfois de « bécane », il ne faut pas croire qu'il fasse régulièrement du vélo. Par contre, les jeux vidéo lui permettent d'être au volant de merveilleuses voitures, de jouer au football ou de faire son tennis hebdomadaire, voire beaucoup plus. S'il lui arrive cependant de courir au fond des bois, c'est souvent en compagnie de ses congénères pour mieux partager des histoires de bogues.

On aura compris que Superbog ressemble à ces adolescents qui refusent de grandir et qui, pour cela, multiplient les messages décourageants généreusement adressés à l'autre sexe. Tout ceci est très facile à faire, et il ne s'en prive pas. C'est aussi pour cela qu'il n'est pas très bien habillé. Il considère volontiers qu'il n'en a pas besoin et que la fréquentation des ordinateurs n'entraîne aucune obligation vestimentaire. Ses vêtements sont larges et pratiques. Ils évoquent immanquablement ceux d'un sportif qui ne pratique cependant, comme on vient de le voir, aucun sport. La couleur en est uniforme, le bleu marine domine, quelquefois une publicité pour un logiciel ou un jeu vient apporter une « touche » de couleur.

Superbog est donc volontiers grassouillet, car il ne mange pas très bien. Il lui arrive de promener allègrement, sans trop donner le sentiment de s'en soucier, quelques kilogrammes superflus qui toutefois ne l'encombrent pas. Cet embonpoint atteint facilement les adolescents, et même certains enfants, dont la seule activité physique se résume à leurs déploiements autour de leur ordinateur. C'est même là une des principales causes d'obésité, avec le bouleversement des habitudes alimentaires que ces activités « hors temps » ne manquent pas d'entraîner. Il a d'ailleurs inventé sa propre ligne d'aliments qui, sans être virtuels, prétendent, dans une même masse informe, suffire largement à l'alimentation d'un être humain modérément actif. C'est ce qui fait qu'en plus d'être en surcharge pondérale — comme disent élégamment certains médecins — Superbog est facilement boutonneux — comme disent moins élégamment d'autres médecins.

Comme il ne doute de rien et qu'il ne se prive pas de l'essentiel, Superbog a ses propres maladies. Celles-ci concernent essentiellement trois parties bien spécifiques de l'ensemble de son corps : son crâne, sa main et son sexe.

À fréquenter ainsi des écrans plats, il semble être un candidat de choix pour ce qu'on appelle l'épilepsie. Les enfants apprentis-superbogs sont, de ce point de vue, les plus vulnérables. L'adulte ne semble pas vraiment s'en soucier. Cette maladie, autrefois appelée « grand mal » ou « mal sacré », fait se disjoncter l'ordinateur cérébral, qu'il est possible de considérer comme un ordinateur personnel. Celui-ci fonctionne alors en dépit du bon sens et produit des décharges électriques désordonnées qui se traduisent par des gestes incohérents et une mise en veille, ou en veilleuse, momentanée de la mémoire vive de la machine. Les plus anciens traités de médecine ont décrit ce syndrome. Superbog semble généralement échapper à ce danger.

Sa vision peut également être fragilisée car l'horizon des seuls pixels électroniques peut le transformer en taupe de façon prématurée sans, pour autant, développer son odorat de façon significative, ce qui constitue une grande perte. Il a inventé des artifices techniques qui multiplient les protections entre lui-même et son écran, mais cela ne l'empêche pas de faire véritablement « corps avec sa machine » au mépris de toute précaution élémentaire.

Son pouce est particulièrement vulnérable, car Superbog titille compulsivement un appendice gris appelé, pour cette unique raison, une souris. Ce terme de « souris » peut être, à la rigueur, considéré comme une lointaine réminiscence du beau sexe, mais ce genre de connexion est oublié depuis très longtemps et le câblage a été perdu. La main de Superbog a tendance à se crisper nerveusement sur cet objet jusqu'à en perdre toute faculté et toute facilité pour un autre usage. Il oublie ainsi que cette main peut lui permettre de serrer d'autres mains, d'écrire des lettres d'amour, de dessiner des moutons, de tailler des rosiers à la bonne saison ou, plus généralement, de s'occuper de la peau incomparable de ses semblables.

Quant à sa sexualité, nous y reviendrons largement, elle donne surtout le sentiment de s'affranchir du temps, ce qui, nous l'avons vu, constitue une des caractéristiques essentielles de Superbog.

Superbog dans le quotidien

Si j'ai ainsi pris le soin de décrire Superbog sous ses multiples facettes, c'est que j'ai souvent eu le sentiment de le rencontrer dans mon cabinet de consultation. Abandonnons donc cette appellation générique, au demeurant dérisoire, pour le voir maintenant sous les traits de M. Martin.

Superbog à la maison

Dans son domicile, la meilleure façon de résumer l'attitude de M. Martin est de la décrire comme étant à la fois dans la présence et dans l'absence. Sa vie gravite autour de son ordinateur dont la situation géographique doit être prise en compte pour mieux comprendre comment fonctionne le couple ou la famille. De ce point de vue, à quelques années de distance, l'ordinateur suit la trajectoire du poste de télévision, à ceci près que son usage est bien moins convivial. En fonction de la taille du logement il peut se trouver dans un bureau, dans le meilleur des cas, dans le salon ou la salle à manger, ou au pire, dans la chambre à coucher.

Lorsque Mme Martin se plaint de son mari, elle parle souvent de sa « machine » comme d'un refuge au creux duquel il se niche dès qu'il se trouve en difficulté, surtout le week-end. Il est très facile de prétexter l'urgence d'une quelconque tâche pour justifier ce repli stratégique. M. Martin n'a sûrement pas le sentiment de battre en retraite. Il lui faut, bien évidemment, faire sa comptabilité, envoyer des *e-mails* à son cousin du Canada ou récupérer un dossier qu'une malencontreuse manœuvre a égaré.

Il est donc là sans être là, absorbé par une activité qui requiert toute son attention. Son rythme de vie, et celui de la famille, dépend de cette machine qui ne connaît ni les contraintes des faisceaux horaires ni celles qui pourraient s'appliquer aux économies d'énergie, sous toutes ses formes.

Superbog en thérapie

C'est donc sa femme qui a pris le rendez-vous. Il est étonné par cette démarche à laquelle il n'aurait sûrement pas pensé lui-même. Les problèmes dont elle parle sortent de ses catégories habituelles. Il y adhère cependant du bout des lèvres car il est habitué de voir intervenir des réparateurs ; cependant pour lui, le thérapeute est un réparateur un peu particulier, car il utilise une logique qui lui paraît « illogique ». Surtout, ce réparateur n'est pas neutre, non seulement il ne parle pas le même langage que lui mais il adopte assez facilement les tics de langage de sa femme, ce qui lui déplaît assez rapidement. Il me semble que les femmes de Superbog aiment lire les livres de « psy », elles en ont le loisir. Il y a donc comme un conflit de culture ! Sa femme a pris quelque avance sur lui en lisant des livres de réparateurs de couples, peut-être même l'un de ceux qu'a écrits celui qui se trouve en face de lui ce jour-là.

La première fois qu'il se trouve dans une telle situation, M. Martin pense se souvenir de ces « sites » où des thérapies *on line* sont vendues en promotion. Il est malheureusement trop tard pour y recourir, mais il se promet bien que, la prochaine fois, il sera plus rapide que sa femme et lui proposera ce qui lui paraît soudainement être, à l'évidence, un progrès indubitable dans la résolution des conflits humains.

M. Martin imagine assez facilement la possibilité de reconnaître les problèmes tout en laissant à son épouse la charge de les résoudre. C'est ce qui fait qu'il déléguera volontiers cette charge au réparateur officiel de couple. Il peut même le trouver habile et raisonnable, malgré son jargon et surtout malgré sa fâcheuse propension à vouloir l'inclure dans l'histoire du couple. Lorsqu'il se rend compte qu'il lui sera difficile de laisser sa femme en dépôt chez le thérapeute — comme une espèce de service après-vente — il accepte éventuellement de le rencontrer seul. Il espère ainsi le convaincre plus aisément de s'occuper d'elle, et surtout s'il s'agit d'un homme, de faire jouer la solidarité masculine.

L'habileté du thérapeute consiste alors à tenter de lui « vendre » un type de défi auquel il ne s'est jamais confronté, car il sait que cela intéresse profondément son client. Lorsqu'il y parvient, M. Martin devient un excellent adepte de la psychothérapie. Il arrive même qu'il se prenne au jeu ; sa femme s'en montre quelquefois déroutée.

L'histoire de Superbog

L'essentiel de l'histoire de Superbog se résume à sa mère. Sa mère a toujours été très présente dans sa vie, elle peut d'ailleurs l'être encore sous une forme ou sous une autre. Cette autre forme étant précisément sa femme actuelle. N'anticipons pas… Pour définir cette mère, deux mots suffisent : elle est tout autant protectrice qu'angoissée. En effet, pour justifier sa protection il lui faut être angoissée ; or, pour être angoissée, il faut qu'elle ait des enfants. Chacun sait que les enfants ne savent pas, qu'ils ne sont pas capables, qu'ils ne comprennent pas bien, qu'ils n'ont pas l'expérience des adultes… Comme elle est angoissée, elle veut protéger et comme elle voit rapidement des enfants un peu partout, il lui est facile de leur offrir sa protection. Cependant, bien évidemment, son protégé préféré c'est son fils, surtout s'il est unique.

Cette mère protectrice et angoissée n'a pas besoin d'être très présente dans la vie de M. Martin. Lorsque ce dernier veut se marier, elle ne peut éviter de donner son avis sur la future. Ce choix peut constituer la première occasion de révolte pour son fils. Mme Martin mère est généralement assez habile pour lui donner le sentiment qu'il est un grand et qu'il est capable de prendre sans elle une décision aussi importante. Elle va revenir à la charge avec d'autant plus d'efficacité qu'il aura le sentiment qu'elle ne veut plus intervenir dans sa vie et surtout dans sa vie affective. En fait, elle a une idée plus que précise du profil de celle qui sera éventuellement capable d'être l'épouse ou la compagne de son fils. Généralement celui-ci est atteint d'un « coup de folie » assez bref, le temps de trouver et d'« imposer » celle qu'il va épouser. Le « retour » à la réalité est très difficile. Mme Martin mère n'aura de cesse de mener la vie dure à cette femme. Son fils reste pour elle un ange, mais la bru est accusée de tous les maux, elle devient son bouc émissaire universel. Qu'il s'agisse du mauvais temps, d'une panne de voiture, de l'angine de son fils ou d'un retard des trains, tout lui est mis sur le dos.

Cette guerre d'usure est facilitée par le fait que M. Martin est incapable de remettre en question le comportement de sa mère. Pour ne pas avoir à lui faire de remontrances, il la trouve soit trop fatiguée, soit malade, soit trop en forme ou encore trop âgée pour changer. Il ne sait pas la trahir. Son épouse a le sentiment soit qu'il n'a pas encore fait de choix entre elle et sa propre mère soit, ce qui est plus grave, qu'il continue à faire le choix de cette mère. Elle se révolte d'abord contre ce qu'elle considère comme une injustice et une grossière erreur, car elle n'avait pas l'intention d'épouser à ce point la mère… avec le fils. Plus tard, soit elle abandonne le terrain, soit elle devient elle-même une superprotectrice de son mari qui restera alors un enfant pour qui les deux mères rivalisent d'attention. C'est même là une logique qui s'installe assez fréquemment.

Comme la grande majorité des hommes, M. Martin a une conscience très limitée de l'importance que sa mère peut avoir pour lui, même lorsqu'elle ne manque pas une seule occasion de lui montrer son attachement. C'est là quelque chose qu'il a appris à ignorer et même à nier. Il croit volontiers s'en être détaché grâce au mariage, ce qui est l'exemple même d'une grave erreur d'appréciation. La relation d'un homme pour sa mère est le paradigme de ce qu'est une relation interminable. C'est une relation éternelle qui n'est pas même dénouée par la mort, ce qui serait trop simple et donnerait beaucoup moins de travail aux psychothérapeutes de tous poils. Un fils sommeille au fond de tout homme, tout comme une mère sommeille au fond de toute femme.

M. Martin a également un père. Ce dernier est pour le moins effacé, il est très heureux d'avoir un ou plusieurs fils qui prennent sur eux toute l'angoisse et la protection dont sa femme est capable. Il travaille donc beaucoup et travaillera toujours beaucoup, il a des loisirs plus ou moins externalisés. Cela signifie qu'il est souvent absent, pour de vrai comme dans sa tête, ce qui fait beaucoup. Sa femme ne s'en inquiète pas, soit parce qu'elle ne le croit pas capable « de cela », soit parce qu'elle estime que son véritable homme, c'est son fils. Il y a plus péril en la demeure chez ce dernier que sous son propre toit. Le seul véritable problème du père de M. Martin est l'échéance de sa retraite. Il lui faut absolument trouver suffisamment d'activités pour lui permettre de rester toujours aussi occupé, c'est-à-dire absent. Quelquefois, malgré son âge, il se met à fréquenter les ordinateurs…

Les frères et sœurs de M. Martin l'occupent et le préoccupent assez peu. Ils sont généralement très loin, c'est ce qui lui permet d'être et de rester l'unique objet de l'amour de sa mère. Le reste de la fratrie se montre assez ingrat, car c'est grâce à lui et à ses capacités de fils éternel qu'ils ont pu ainsi prendre le large. Il reçoit très peu de reconnaissance de ce côté-là. Il n'est pas rare que l'une ou l'autre de ses sœurs reste très proche de ses parents. Nous verrons dans le chapitre suivant que cette femme ou ces femmes ont généralement elles-mêmes de bons fils pour maris.

Superbog chez le thérapeute

Un homme prend un rendez-vous avec un psychothérapeute. Je l'appellerai donc M. Martin, pour rester dans une certaine cohérence avec ce qui précède. C'est sur l'insistance de sa femme qu'il s'est enfin décidé à le faire.

Le couple est marié depuis sept ans. Tous deux sont âgés de 35 ans. Ils ont deux enfants : Sophie, l'aînée, a 8 ans, le second, Timothée, en a 5. Comme nous allons le voir, depuis environ trois ans les problèmes se sont accumulés sur le couple :

THÉRAPEUTE : Qu'attendez-vous de moi ?
M. MARTIN : Eh bien voilà, ma femme menace de divorcer. C'est venu comme un cheveu sur la soupe, je ne comprends pas bien ce qui se passe pour elle et ce qui précipite les choses. Je ne comprends vraiment rien à tout ce qui se passe. Elle est même allée jusqu'à rencontrer un avocat il y a une semaine je crois, sans m'avertir... comme ça, toute seule. D'habitude nous faisons tout ensemble... C'est d'ailleurs un ami, il lui a expliqué les différentes formes de procédures et... (*hésitant*) ...
T : Et...
M. M : Et... c'est la première fois qu'on en arrive là... je me rends bien compte parce que nous nous connaissons depuis longtemps et que c'est difficile de ne pas la prendre au sérieux... mais je tombe des nues... elle voulait absolument que je vienne vous voir...
T : Qu'est-ce qu'elle vous reproche ?
M. M : Eh bien voilà, si je résume, en employant la phrase qu'elle a elle-même l'habitude de prononcer, ça donne : « Depuis que l'ordinateur est entré dans la maison, tout va mal ! » Mais elle ne se rend pas bien compte, j'en ai vraiment besoin pour mon travail, je suis agent commercial dans une entreprise de matériel en informa-

tique... alors l'ordinateur j'en ai vraiment besoin... C'est une phrase que j'entends depuis longtemps, mais de là à penser à divorcer, c'est pas normal... Elle exagère vraiment... quel gâchis !
T : Elle vous reproche d'autres choses ?
M. M : Oui, en ce moment je n'entends que des reproches, elle n'a que ça à la bouche. Elle veut un troisième enfant et je suis assez réticent, nous sommes déjà à l'étroit dans notre appartement. Nos deux enfants dorment dans la même chambre... alors avec un troisième. Il faudrait changer de logement mais ce n'est pas le moment...
T : Pourquoi ?
M. M : J'attends plus ou moins une promotion et il est probable que l'on va me proposer un poste dans une autre ville... ça se précise en ce moment, ça aussi elle ne le comprend pas... elle ne veut pas le comprendre. En tout cas, ce n'est pas le moment de déménager parce que tout peut être bouleversé du jour au lendemain...

Ce couple se trouve confronté, ce qui est assez banal, à un conflit d'intérêts. Chacun oppose à l'autre sa propre logique. Il voit sa carrière professionnelle, elle voit son rôle de mère. Chacun a raison dans sa propre logique, chacun a le sentiment d'œuvrer pour la bonne cause et pour le bien-être du couple et de l'ensemble de la famille. La suite de la discussion montre que la situation, lorsqu'on la considère dans son évolution récente, est encore plus complexe.

M. MARTIN : En fait, c'est difficile depuis un certain temps... disons deux ou trois ans...
THÉRAPEUTE : Quels sont les autres problèmes qui se posent pour vous deux actuellement ?
M. M : En fait, depuis longtemps... surtout depuis la naissance de Timothée... il y a des problèmes sexuels. Je dois dire que c'est surtout de mon côté que ça se

passe… ou, plus exactement, que ça ne se passe pas… ou mal…
T : C'est-à-dire ?
M. M : Je crois que ça s'appelle de l'éjaculation précoce… ma femme en souffre de plus en plus. C'est surtout pour cela qu'elle a voulu que je vienne vous voir en plus de la séparation ou de la menace de séparation dont je parlais à l'instant. Jusqu'à présent cela ne posait aucun problème, on en a parlé ensemble quelquefois mais rien de plus… là aussi tout arrive en même temps, j'ai l'impression qu'elle cherche disons des prétextes…
T : Il y a donc longtemps que ce problème se pose pour vous, ce problème d'éjaculation précoce ?
M. M : Oh ! oui, même avant elle… ça ne s'est jamais vraiment bien passé, sauf peut-être au tout début du mariage…

Aux problèmes professionnels et familiaux s'ajoutent donc les problèmes sexuels. Les premiers sont relativement récents, ils précipitent la démarche envers un psychothérapeute ; les seconds sont anciens, ils ont longtemps été relativement bien supportés. Toute la différence est là et elle est importante dans l'histoire de ce couple. Une réflexion sur les circonstances de la demande de ce patient permet de mieux comprendre que la crise apparaît lorsque chacun tente d'imposer à l'autre, et donc à toute la famille, ses propres choix de vie.

Elle veut être mère sans plus attendre, il veut garder toutes ses chances de réussir professionnellement. À l'évidence, ce sont là des projets qui peuvent paraître « normaux », à ceci près que, dans ce couple, ils séparent plutôt que de rapprocher. Autrement dit, ils ont tous deux longtemps accepté ces problèmes sexuels alors qu'ils auraient été inacceptables pour un autre couple.

THÉRAPEUTE : Et qu'attendez-vous de moi ?
M. MARTIN : Ma femme voudrait que ce problème sexuel soit réglé… et peut-être, à ce moment-là,

oubliera-t-elle toutes ces histoires de séparation qui ne sont pas raisonnables, vraiment pas…
T : J'aimerais que nous puissions nous voir ensemble ici la prochaine fois…
M. M : Ensemble… c'est-à-dire ? !
T : J'aimerais que la prochaine fois vous veniez ensemble, tous les deux, votre femme et vous-même… c'est ce que je veux dire par « ensemble » …
M. M : Je ne suis pas sûr qu'elle accepte… elle a tellement insisté pour que je vienne vous voir… elle en a presque fait une condition pour ne pas continuer dans cette procédure de divorce…
T : Pouvez-vous lui expliquer que je me sens bien plus à l'aise pour vous aider en vous voyant tous les deux ?
M. M : Je vais essayer…

Le thérapeute ne peut plus accepter de le voir seul car il accréditerait alors l'idée que M. Martin est le seul responsable de la situation du couple telle qu'elle lui a été décrite.

6

L'image de la Vierge Marie

Avec le siècle des Lumières semble s'être installée une logique qui permet d'annoncer régulièrement la fin du sentiment religieux et donc la fin des religions. Peut-être est-ce bien davantage la fin d'un certain cléricalisme, envahissant et prétentieux, qui peut être décrite de nos jours, plutôt que l'abandon effectif de tous les éléments qui constituent notre mentalité judéo-chrétienne. Les valeurs autour desquelles s'est développé le christianisme primitif font l'objet d'intenses recherches que les exégètes relancent régulièrement, notamment à l'occasion de la découverte de textes anciens. Une approche plus historique que dogmatique des faits qui ont fondé cette religion est venue pour certains ébranler leurs convictions, pour d'autres renforcer leur foi. Quelle que soit la prise de position de chacun, il est difficile d'ignorer ces travaux.

Dans ces modèles judéo-chrétiens une place toute particulière peut être réservée à l'évolution de tout ce qui concerne les liens affectifs dans la société, c'est-à-dire les modèles de vie conjugaux et familiaux. C'est ce que ce chapitre va tenter d'analyser plus précisément encore, pour tenter de mieux comprendre la dimension mythologique sur laquelle certaines femmes fondent, généralement sans en avoir vraiment conscience, leurs choix affectifs. Je me réfère ici à ces femmes, de plus en plus nombreuses, qui me semblent réinventer et réactualiser ce que j'appelle le modèle « Vierge Marie » lorsqu'elles parviennent à prouver aux autres, et à elles-mêmes, qu'après tout l'homme n'est pas toujours utile pour assurer l'éducation des enfants et même parfois, pour les procréer.

La femme a (re) découvert qu'elle peut se passer de l'homme et qu'elle peut vivre sans lui tout en ayant le sentiment d'être pleinement une femme. Comme j'ai déjà eu l'occasion de le signaler, il est plus que probable que l'homme n'a pas hésité à lui apporter une aide pour (re) construire cette possibilité. C'est cependant de son côté à elle que ce chapitre va se pencher en ne mettant pas l'accent, pour un temps, sur la complaisance que l'homme peut montrer à lâcher et à abandonner ainsi certaines de ses prérogatives.

Que l'homme puisse se résumer, dans l'esprit des unes ou des autres, à un spermatozoïde n'est pas une chose nouvelle. Notre époque qui met sa modernité, comme toutes les époques, là où elle peut et en se trompant facilement a donné aux femmes de nouveaux arguments pour les aider à la redécouverte de cet appauvrissement des liens affectifs. Comme je l'ai déjà mentionné, le travail féminin et ce qu'on appelle les progrès de la médecine facilitent grandement la mise en place de cette logique où une femme peut envisager de concevoir et d'élever seule, plus facilement qu'il y a quelques dizaines d'années, un ou plusieurs enfants.

Le mythe de référence

S'il est ici question d'un mythe, ce n'est en rien pour méconnaître la réalité de la croyance religieuse mais pour n'en retenir que la dimension culturelle, c'est-à-dire ce qui subsiste malgré tout de cette croyance pour ceux qui n'y adhèrent pas immédiatement, pour une raison ou pour une autre. À l'évidence, nous baignons dans une culture dont les valeurs se réfèrent constamment à l'exemplarité de récits qui jouent des rôles de paradigmes en ce qui concerne, par exemple, l'ordonnancement des relations interhumaines. L'Ancien et le Nouveau Testament, toutes les figures qui les parcourent et les situations qui les constituent, nous donnent des points de référence que nous utilisons quotidiennement.

C'est bien un des paradoxes de notre époque que d'être à la fois déchristianisée et de proclamer la nécessité d'un enracinement pleinement accepté dans l'histoire d'un Occident. Cet Occident s'est lui-même constitué sur les valeurs d'un Moyen-Orient à la fois proche et tellement lointain. Même sans y adhérer au niveau d'une croyance religieuse, chacun de nous utilise et transmet des valeurs relationnelles qui correspondent aux récits sur lesquels se fondent ces mêmes croyances.

La famille nucléaire

Ainsi, que représente d'abord dans notre culture la famille constituée par Jésus, Marie et Joseph ? Il s'agit de ce que nous appellerions maintenant une « famille nucléaire » qui paraît, à l'évidence, unie, laborieuse et stable. L'hagiographie de la Sainte Famille, transmise par de nombreux artistes, atteste de cette exemplarité pour mieux la renforcer. Cette représentation, c'est-à-dire ce qui en est retenu et ressenti, s'est construite d'une certaine manière, avec ses flous et ses évidences, tout au long des siècles, dans une constante recherche de la cohérence du dogme et un enrichissement de la symbolique

Cette famille est d'abord exemplaire parce qu'elle est simple. Un seul enfant suffit à faire de deux adultes des parents, les rivalités dans la fratrie ne viennent pas perturber ici le bel ordonnancement de la trinité familiale. De plus, elle correspond à la valorisation qu'apporte la naissance d'un garçon plutôt que celle d'une fille, ce qui est le cas dans la majorité des cultures humaines. Cependant, l'Église a éprouvé quelques difficultés, au cours des siècles, pour trouver un bon compromis entre sa vision essentiellement nataliste de la famille et le fait que Jésus, de par sa nature divine, ne pouvait être qu'un enfant unique. Elle a dû « oublier » quelques frères et sœurs en sélectionnant soigneusement certains textes en même temps qu'elle en écartait certains autres. C'est ce qui fait que, dans cette logique, la famille nucléaire idéale reste donc vraiment une famille simple.

À la fois mère et vierge

Marie est d'abord une mère aimante qui reste constamment fidèle à son fils, il n'est donc pas possible qu'elle soit une épouse. De ce point de vue elle est une mère seule face à un fils lui-même seul. Il y a donc une Sainte Famille et sûrement pas un « Saint Couple », c'est ce qui fait qu'aucune représentation du couple n'existe sans l'enfant. L'image de la *Piéta*, qui n'est justifiée par aucun texte sacré, est la manifestation la plus immédiate du rôle de Marie, elle est une femme sacrifiée en même temps que profondément aimante. Pour être une meilleure mère, elle a donc besoin d'un fils dépendant d'elle, soit un nouveau-né, soit un agonisant. L'un et l'autre permettent la « régression » vers le lien symbiotique qu'autorisent la faiblesse de l'enfant ou celle de la souffrance ultime.

Elle est ensuite vierge, ce que nous traduisons par le mystère, au sens théologique, d'une grossesse sans fécondation naturelle. Elle n'a pas « fauté », dans une logique religieuse, car pour elle la sexualité n'existe pas et n'a jamais existé. Il s'agit là, effectivement, d'une situation qui peut sembler fascinante ; c'est une remarquable transgression de la loi humaine et biologique qui veut que la chair impose constamment ses logiques. Cette transgression éloigne, on ne peut plus efficacement, de l'animalité.

Le mystère spiritualise le lien dans un subtil équilibre entre l'incarnation et la divinisation. La seule représentation, éminemment symbolique, de ce que pourrait être la fécondation, est l'Annonciation par l'archange Gabriel du caractère divin de cette grossesse. Le message est verbal et donc auditif. En regard de cela, l'accouchement par l'oreille devient dès lors cohérent et renforce la virginité de la mère au début comme au terme de la grossesse. En effet, non seulement Marie a conçu sans péché, c'est-à-dire en dehors de toute sexualité, mais elle est réputée être restée vierge même après l'accouchement ; il s'agit donc non seulement d'une prouesse sexuelle mais également obstétricale[1].

Les incertitudes et les lacunes

L'hypothèse d'une Marie courtisane et même prostituée (une Marie-couche-toi-là !) a été évoquée[2] par certains exégètes. Quant au terme « vierge », au

1. Rabelais prête à Gargantua cette même faculté de naître en sortant par l'oreille gauche de sa mère Gargamelle.
2. Le terme « mariole » trouve son origine dans la disqualification de ce même prénom.

sens où nous l'entendons maintenant, il semble être apparu dans les textes à partir d'une « erreur » de traduction. En fait, le terme hébreu qui a été l'objet de cette traduction désignerait la préadolescente qui n'a pas encore eu ses premières règles. Marie aurait été « vierge » parce que non encore effectivement pubère. Le prodige, s'il doit y en avoir un, est bien qu'elle aurait été enceinte avant d'être nubile ! Certains sont même allés jusqu'à avancer l'hypothèse que Marie aurait été victime d'un viol. Nous sommes loin de la représentation idéalisée qui s'est constituée au fil des siècles.

Joseph est très peu présent dans les textes et donc dans la vie de Jésus. Il n'est mentionné qu'à sa naissance, disparaît totalement pour la suite et semble déjà être mort au moment de la passion du Christ puisque ce dernier confie sa mère à Jean. Il semble avoir joué un rôle de père adoptif pour Jésus et donc un simple rôle de compagnon pour Marie. Il est souvent représenté sous les traits d'un homme âgé, pour ne pas dire fragile, qui n'est défini que par son activité de charpentier. Sur ce point également les textes restent imprécis et les traductions aléatoires. Il apparaît bien plus comme un grand-père que comme un père. Cette image d'ancêtre fait que Joseph ne risque pas de donner le sentiment d'être un homme en pleine possession de ses moyens. Il est impossible qu'il puisse menacer l'ordre social, il est lui-même totalement asexué.

Il reste dans l'ombre des textes évangéliques, sans grande envergure et n'a que le rôle d'un figurant. Ce n'est qu'avec le XIXe siècle qu'il prend une place plus importante dans l'hagiographie catholique. Il est proclamé patron de l'Église universelle en 1863. Surtout, depuis 1955, il est fêté le 1er mai en tant que représentant des travailleurs. Belle récupération d'une célébration païenne et belle consécration pour ce père qui a toute chance d'avoir été adoptif mais qui reste exemplaire !

Jésus lui-même est généralement représenté comme un homme jeune se souciant peu des femmes qu'il côtoie, notamment dans son activité « thérapeutique ». En effet, il ne soigne pas la stérilité, ce qui en fait une exception parmi la longue cohorte des guérisseurs. Son comportement montre cependant, ainsi que les agissements de Paul, un grand souci d'égalité entre l'homme et la femme. Très rapidement, les facteurs culturels reprendront le dessus et la religion catholique se montrera, et se montre encore, profondément antiféministe.

Il côtoie plusieurs Marie, en fait elles sont au nombre de quatre. Outre sa mère il y a Marie de Béthanie, qui est sœur de Lazare, Marie de Magdala, qui souffre de possession et que Jésus guérit, et enfin Marie-Madeleine. Dans l'hagiographie chrétienne, telle qu'elle a évolué, ces trois femmes ont tendance à être confondues. Marie-Madeleine, bien qu'elle soit une prostituée, bénéficie d'un rôle privilégié. Elle assiste à son agonie et semble avoir une importance au moins égale à celle de Marie, sa mère.

Jésus est asexué, dans toute la mesure du possible ; cela signifie qu'il se doit d'être homme — c'est-à-dire humain car incarné — sans être mâle. Beaucoup de peintres le représentent soit nouveau-né, soit crucifié. L'avantage d'un nouveau-né est que son sexe peut être exhibé, mais il n'en est pas mâle pour autant.

Dans la version expurgée que constitue le Nouveau Testament, c'est-à-dire débarrassée d'une multitude d'autres textes notamment de ce qu'on appelle les Évangiles apocryphes, Jésus est fils unique. Il était déjà bien difficile d'aménager une destinée hors du commun pour un enfant, quel trésor d'ingéniosité aurait-il fallu déployer pour une fratrie entière ! Là aussi, l'analyse précise de certains textes permet de conclure qu'il avait au moins un frère et probablement davantage.

L'évolution du mythe

Ainsi, il y a loin des hypothèses historiques que l'exégèse moderne nous propose, à l'hagiographie qui s'est constituée autour d'une famille modèle où il fallait, bien évidemment, trouver une place pour une filiation divine. L'ensemble de ce mouvement se jouant dans une divinisation de l'humain et, inversement, une humanisation du divin.

En résumé, la Sainte Famille regroupe une mère vierge, un père adoptif et bienveillant autour d'un fils unique, dans tous les sens du terme ! C'est une famille modèle, qui reste un exemple, même si ce modèle s'accommode mal d'autres discours où il s'agirait d'assurer une large progéniture.

Cette famille est l'exact opposé de la famille initiale, celle d'Adam, où la femme est absente puisqu'elle n'apparaît que secondairement, issue de la côte de son compagnon. Cette première famille n'est constituée que d'un père et d'un fils. Dieu, c'est-à-dire le Père, assume ici tous les rôles. D'une certaine façon, il est tout autant « vierge » que Marie ; il n'a pas eu besoin de la femme pour créer. La Terre Mère ne joue ici qu'un rôle métaphorique. L'Ancien et le Nouveau Testament se répondent dans un jeu de miroirs pour mieux s'opposer. Le premier « évacue » la femme, le second l'homme. Marie est donc l'épouse divine parfaite.

Le grand problème auquel l'Église s'est toujours confrontée a été de faire d'une mère une vierge, car cette seconde valeur a toujours prévalu, et de loin, sur la première. En ce sens l'Église a toujours eu, à la fois, un discours nataliste, privilégiant la fécondité des femmes et des couples, et un rejet obsessif de la sexualité. Elle a toujours rêvé d'une maternité possible, à l'image de la Vierge, sans la nécessité de la proximité des corps qu'elle ressent comme relevant d'une infâme bestialité. Elle fonde ce rejet sur le discours de quelques Pères de l'Église reprenant eux-mêmes certains traits de la culture juive contemporaine de Jésus-Christ.

On sait que le culte marial a subi au long des siècles des aléas et des fluctuations dans l'histoire de l'Église. C'est ainsi que, dans une certaine mesure la place de la femme s'est elle-même constituée dans la société. Au XIXe siècle le dogme de l'Immaculée Conception, qui date de 1854, introduit l'idée que Marie est elle-même née sans avoir connu le péché originel, elle y acquiert une nature quasiment divine. Un siècle plus tard, exactement en 1950, le pape Pie XII couronne en quelque sorte son parcours humain en posant, par le dogme de l'Assomption de la Vierge, qu'elle s'est élevée au ciel sans avoir à attendre le jugement dernier.

Une femme toute-puissante ?

Quels sont les éléments qui se conjuguent ici pour permettre à cette femme « moderne » d'envisager un monde sans homme (s) ? On aura compris, pour reprendre un cliché courant, que la castration n'est pas loin. Il s'agit d'aller plus loin qu'un simple mot, trop galvaudé maintenant, pour mieux comprendre les mécanismes profonds qui s'allient les uns aux autres pour créer cette situation qui a tendance à se répandre de nos jours. Ces mécanismes relèvent de plusieurs logiques et mettent en jeu aussi bien des facteurs sociologiques et économiques que des éléments qui sont en relation avec l'histoire familiale de cette femme.

Une autonomie affective et financière

Cette femme sait fort bien ce que signifie être seule. Cependant elle est bien plus autonome qu'indépendante. Autrement dit, elle sait être autonome dans une certaine dépendance, car elle n'est pas seule, loin de là. Cette autonomie se joue tout aussi bien d'un point de vue matériel qu'à un niveau affectif. Il s'agit donc généralement d'une femme qui travaille et qui, grâce à cela, a une vie sociale importante. Elle n'appartient pas nécessairement à une classe sociale dite privilégiée, mais elle a appris à gérer un budget. Par ailleurs, elle connaît généralement bien ses droits en matière sociale et professionnelle. Elle n'est donc pas nécessairement démunie, sauf dans la mesure où elle n'est pas soutenue et aidée par sa famille d'origine.

Son autonomie matérielle ne lui suffit pas pour assumer ses choix affectifs, elle a également besoin d'une autonomie dans ce domaine-là. Elle doit aussi être capable d'affirmer émotionnellement cette même autonomie. Pour un observateur extérieur, elle peut paraître dure et froide. Bien évidemment, ce n'est pas sans souffrances qu'elle « entre » dans cet apprentissage de la solitude. À la fois tentée et effrayée, elle entretient avec cette possible indépendance un lien très ambigu. C'est une tentation qui se construit comme un défi, c'est une peur qui est celle du vide. Pour surmonter cette ambiguïté, elle aura tendance à prendre appui sur d'autres femmes qui vivent la même situation qu'elle ou qui partagent les mêmes incertitudes. Cette expérience de l'autonomie se construit donc sur plusieurs années avec des alternances de phases de découragement et de phases d'enthousiasme.

Un évitement du lien avec l'adulte

Il s'agit pour cette femme de pouvoir, autant que possible, éviter tout lien affectif avec d'autres adultes et surtout avec des hommes. Tout ce qui peut ressembler à une histoire d'amour lui paraît dangereux et doit donc être écarté. Tout ce qui peut apporter un risque de dépendance doit être éloigné. Tout ce qui peut lui apparaître comme une faiblesse n'est pas envisageable. Elle va donc tenter d'obtenir, ce qui est assez singulier et rare, le beurre tout en ne gardant pas l'argent du beurre. Pour d'autres, qui ne peuvent être que des ignorants, elle semble abandonner sa vie de femme alors qu'elle est persuadée du contraire. Simplement, pour elle, être une femme c'est être avant tout, et même exclusivement une mère.

On en arrive ainsi à un paradoxe : alors que certaines femmes se battent pour améliorer les relations dans le couple, d'autres abandonnent totalement cette ambition pour s'amputer de la relation conjugale. Les exigences sont-elles trop importantes ? Les hommes sont-ils vraiment décourageants ? Il n'en reste pas moins que ces femmes ne rencontrent éventuellement l'homme que furtivement, pour le plaisir et rien de plus, sûrement pas pour le quotidien partagé porteur de conflits, de désaccords et d'incompréhensions.

La seule relation qu'elles peuvent accepter d'un homme, faut-il le rappeler, est conditionnée au fait que ce dernier soit un enfant et reste un enfant.

Une sexualité « nouvelle »

À l'évidence, il n'est pas possible d'affirmer que ces femmes n'ont pas de sexualité. Il semble aussi difficile de considérer que leur sexualité soit effectivement épanouissante même si elles peuvent montrer quelques réticences à le reconnaître.

Il s'agit en fait d'une sexualité qui trouve, sans le savoir, ses valeurs dans un vieux fonds de croyances religieuses héritées de la culture gréco-romaine. Ces croyances permettent d'expliquer, pour une grande part, la profonde aversion de la religion catholique pour toute forme de sexualité qui n'aboutit pas à la procréation. Le plus important chez l'homme, ce qui lui donne une supériorité évidente sur la femme, c'est son sperme. Ce liquide a même été considéré, dans la perspective humorale qui dominait la médecine jusqu'au XVIIIe siècle, comme une émanation du cerveau. Toute perte de liquide séminal, tout gâchis ou tout usage détourné ne peut qu'être insupportable et attirer les foudres de l'Église et de ses confesseurs. Dès lors ces femmes ne font que prolonger cette croyance et ces pratiques jusqu'à ne retenir de l'homme que sa substantifique moelle, sa quintessence, son humeur ultime au sens où l'entendaient les médecins dont Rabelais reste le plus fameux.

Elles prennent l'essentiel et puis… rien d'autre. Elles parviennent à résumer l'acte sexuel à ce seul transfert d'informations tout en ne s'engageant pas dans un lien durable, comme l'Église l'a toujours exigé. La relation sexuelle n'est que virale au sens où il s'agit simplement d'un transfert d'informations génétiques, de l'homme vers la femme, en l'absence de toute implication affective.

Cette sexualité est donc nouvelle dans la mesure où elle ne vise qu'à la procréation, une sexualité génétique qui ne s'embarrasse pas des complexités de l'âme. Une sexualité qui semble ne pas s'inquiéter du devenir de l'enfant

Une femme mère

Avant tout, cette femme existe dans la mesure où elle peut être mère. Plus précisément encore, elle a besoin d'autrui. Elle est donc dépendante de la dépendance des autres, ce qui est un mécanisme assez fréquemment rencontré par les psychothérapeutes. Ils appellent cela de la codépendance, l'un est dépendant de l'objet, quel qu'il soit, l'autre est dépendant de la dépendance du premier. C'est cela qui fait qu'elle est plus autonome qu'indépendante. C'est de là que provient son besoin d'enfants et surtout de jeunes enfants. Aussi, dès que ces enfants montrent quelques velléités d'autonomie, elle a tendance à s'en désintéresser ou à envisager de devenir mère de nouveau. Elle devient alors mère de famille nombreuse, mais ses intérêts se portent essentiellement ou exclusivement sur les plus jeunes de ses enfants.

Dans les situations les plus difficiles, des conflits peuvent éclater entre la mère et l'enfant. Il arrive alors que l'homme, le père, réapparaisse dans la mesure où il sent que la mère de l'enfant peut lui laisser une place plus ou moins grande. Généralement son retour est marqué par la brièveté et l'échec.

Parfois même, ce besoin de maternité se transmet d'une génération à une autre. Cela signifie que la fille de cette mère, pour « gagner » sa sortie du cadre familial, va faire un enfant qu'elle aura soin de laisser à sa propre mère. Tout se passe comme si cette fille se « remplaçait elle-même » dans la dépendance envers une mère de nouveau mère grâce à elle. Une fois encore, l'homme est réduit à un spermatozoïde et la même séquence relationnelle se perpétue d'une génération à une autre.

Une mère très puissante

Dans la plupart des cas, cette femme a eu de bonnes raisons de souffrir de sa relation avec sa propre mère, même si elle n'en a pas toujours la claire conscience, même s'il lui paraît tout à fait incongru de lui faire un reproche quelconque. En effet, la personnalité de cette mère fait d'elle un exemple que sa fille, ou ses filles, peuvent avoir toutes les raisons de suivre. Mais, bien plus que sa capacité à donner de l'amour, c'est le pouvoir qu'elle exerce qui les fascine.

Cette maîtresse femme a souvent tenu à bout de bras toute sa famille. Elle donne à la fois le sentiment de se sacrifier tout en exerçant un pouvoir sans partage sur ses enfants et sur son mari. Parfois son territoire s'étend au-delà de sa propre famille pour concerner, par exemple, ses parents, ses frères et sœurs ou même sa belle-famille.

C'est une femme qui aura probablement abandonné ses prérogatives de femme au profit de son rôle de mère et de protectrice universelle. Elle est l'exemple même de la pratique du matriarcat qui aura tendance, ici encore, à se reproduire d'une génération à une autre et d'une femme à une autre comme un fil rouge qui traverse les décennies.

Son sacrifice peut quelquefois donner le sentiment qu'elle a négligé ses propres enfants, accaparée par d'autres priorités, notamment matérielles. L'absence plus ou moins réelle du père la met dans l'obligation de le remplacer auprès de ses enfants. Elle aura alors tendance à déléguer à l'aînée de ses filles la charge du reste de la fratrie. Celle-ci, n'ayant pas toujours reçu la reconnaissance qu'elle attendait de sa propre mère, va chercher à s'identifier à elle, en négligeant ce qu'elle pourrait recevoir d'un homme. Elle a déjà vécu une frustration et se sent préparée pour en vivre une autre, même si elle est d'une tout autre nature. Ce mécanisme paradoxal, qui permet de recevoir de soi-même ce qui n'a pas été reçu de l'autre en se mettant à sa place, est très banal entre parents et enfant.

Cette mère montre une puissance qui marque profondément le fonctionnement de l'ensemble de la famille. On comprend qu'il puisse imprimer, pour la génération suivante et plus loin encore, la tonalité des relations entre hommes et femmes.

Bien évidemment, le contexte culturel peut être ici important, sinon déterminant. Par exemple, toutes les mères abusives ne sont pas des mères juives, mais beaucoup d'entre elles ont tendance à considérer que les hommes sont fragiles et qu'il faut constamment savoir être disponible auprès d'eux.

Une relation ambiguë avec le père

Quant au père de cette femme il peut être à la fois, et selon les cas, un homme plutôt idéalisé ou un homme plutôt disqualifié. Généralement, ces deux sentiments coexistent dans la tête de sa fille. Comme envers sa mère, elle n'a pas toujours conscience de la complexité des liens qui la relient à cet homme. D'où la relation très ambiguë qu'elle peut maintenir avec lui selon les moments, selon les interlocuteurs et selon les circonstances.

Plusieurs raisons peuvent faire que ce père soit un homme idéalisé. La première est que, tout simplement, il est le père, c'est-à-dire le « premier » homme de la famille, celui qui se doit d'être le modèle de tous les autres hommes. Sa fille peut également se sentir proche de lui dans la mesure où elle sent bien qu'il est « la victime » de la mère, celle qui l'empêche de tenir son rang. Ainsi elle peut déjà s'exercer à la pratique de la protection envers les hommes, même si cette première protection ressemble beaucoup à de la pitié.

Cependant, le mécanisme d'idéalisation le plus « efficace » et le plus radical trouve son origine et sa force dans l'éventuelle disparition, plus ou moins prématurée et plus ou moins brutale, de ce père. De ce point de vue, les absents ont toujours raison ! Fragilisé et terrassé par la maladie ou l'adversité, cet homme devient un héros et, plus précisément, le héros privilégié de sa fille. Celle-ci se donne pour but, mieux que n'importe qui, de maintenir son souvenir et sa mémoire. Il n'est jamais aussi présent que dans l'absence. Sa fille revendique auprès de lui une place plus proche que celle de son épouse. Dans cette logique elle se situe donc comme une rivale face à sa propre mère. La nostalgie qu'elle va soigneusement cultiver va lui permettre de se maintenir dans une position très privilégiée, non seulement au beau milieu du couple parental, mais également au sein de toute la famille.

Cette disparition laisse cette fille dans un espoir de réparation tout aussi impérieux qu'impossible. Elle a besoin de penser qu'elle peut le remplacer car il peut devenir difficile de vivre avec un fantôme. En même temps, elle sait que, si elle y parvient, cela en revient à répéter sa disparition. Tout se passe alors comme si elle le faisait mourir une seconde fois, ce qui est évidemment insupportable. Elle aura alors tendance à choisir un mari qui lui permette de rester constamment dans le compromis suivant : un homme qui ne puisse être comparé à son père mais un homme quand même. Il est dès lors évident que ce compagnon fait les frais, par personne interposée, de la disparition toujours difficile d'un père.

Les éléments de disqualification sont exactement complémentaires des éléments d'idéalisation qui viennent d'être décrits, comme les deux faces d'une même pièce de monnaie. Cette fille peut en vouloir à son père de se laisser ainsi malmener et diriger par sa mère. Elle peut lui reprocher, plus ou moins ouvertement, sa faiblesse et son manque de personnalité face à une femme dont elle perçoit rapidement et facilement les velléités castratrices. Confusément, elle ressent le besoin de trouver un véritable modèle d'homme et souffre rapidement de ce manque qui risque de la suivre et de la handicaper toute sa vie. De même, elle sent qu'il serait préférable de rejeter le modèle de femme que lui donne sa mère, elle lui en veut de la laisser sous une telle influence.

Même si sa disparition lui permet de nouer avec lui un lien privilégié, sa colère envers cet homme est du même ordre que celle que ressent tout enfant lorsqu'il perd un parent. Au-delà de la souffrance, le rejet n'est pas très éloigné.

C'est ainsi que se construit une image de père pour le moins contrastée où se mêlent des sentiments divers et opposés. Cette fille devra constamment composer avec cette mosaïque d'éléments à la fois positifs et négatifs. Tout concourt cependant pour qu'elle en arrive à choisir plutôt un homme faible pour rejouer auprès de lui la même partition que celle de sa mère.

Un contexte culturel particulier

Dans le domaine de la construction du couple et de la famille, ou de ce qui en tient lieu, les données culturelles et, plus spécifiquement, les croyances religieuses ne sont donc pas à négliger.

Mon expérience me donne à penser qu'une femme qui a été élevée dans l'adhésion à des valeurs qui privilégient les grandes fratries et l'éducation, elle-même religieuse, des enfants risque, paradoxalement, d'en arriver à envisager de se retrouver seule pour assurer la transmission de ces mêmes valeurs. Elle en arrive à penser qu'il est préférable de sacrifier le couple, et sa vie de couple, pour rester seule maîtresse du destin des enfants car elle se sent facilement la seule capable d'assumer cette tâche. Tout se passe comme si la filiation devenait plus importante que la conjugalité. Il s'agit pourtant là de deux liens qui sont, bien évidemment, complémentaires et non opposés. Dans ce qui constitue une des caractéristiques du christianisme, c'est-à-dire la prévalence de la virginité sur les liens du mariage, se trouve donc curieusement contenue la prééminence du lien filial sur le lien conjugal.

Nous sommes ici dans la mise en scène plus que symbolique de la maternité non conjugale, de l'enfantement dans la virginité dont chacun sait que la mère du Christ est l'archétype le plus prégnant dans notre culture. Il y a donc, pour une femme qui adhère à ces croyances religieuses, de sérieux antécédents et de sublimes exemples à suivre car ils se sont « soldés », à l'évidence, par de remarquables réussites.

Ces femmes restent dans la tradition judéo-chrétienne la plus pure. Il est vrai que l'Église privilégie bien plus le lien de sang entre la femme et l'enfant que le rôle de l'homme. C'est le cas, par exemple, lorsque l'avortement n'est pas envisageable même dans un cas de viol. L'homme n'existe pas, même et surtout dans l'horreur de son geste. Seule subsiste la maternité alors que le devenir, ne serait-ce que psychologique, de l'enfant n'est même pas envisagé. Il est dès lors très facile de rester vierge lorsque l'homme n'existe pas. Pourquoi s'en priver, surtout lorsque la virginité redevient une valeur très recherchée dans certaines cultures[1] ?

Marie, coiffeuse et célibataire

Voici l'histoire d'une jeune femme, le hasard fait bien les choses au beau milieu de ce chapitre, car il se trouve qu'elle se prénomme Marie.

Marie a 35 ans et travaille dans le même salon de coiffure depuis maintenant sept ans. Sa petite sœur Sophie, âgée de 30 ans, partage avec elle un deux pièces assez modeste dans un immeuble de la proche banlieue d'une grande ville. Les deux jeunes femmes y trouvent leur compte, car Marie est la mère d'un tout petit garçon âgé de 2 ans et Sophie est au chômage. On vient de lui proposer un travail de caissière mais elle a refusé, elle en a assez de ces petits boulots qui ne mènent à rien. Elle envisage, dans quelques années, de reprendre des études ; elle hésite toujours entre le droit et une école de commerce.

En fait, ce qui l'intéresse le plus au monde, en ce moment, c'est Joseph. Bien sûr, la plupart des gens sourient lorsqu'ils apprennent que le fils de Marie s'appelle Joseph ; elles n'y avaient même pas pensé... Pourtant leurs parents étaient croyants, surtout leur mère qui allait de temps en temps à la messe du samedi soir, mais elle n'a pas cherché à donner à son choix une

1. Une croyance très répandue en Afrique du Sud prétend que faire l'amour avec une vierge guérit du sida. C'est ce qui fait que de nombreuses adolescentes se font violer !

quelconque connotation religieuse. Peut-être un peu de provocation… rien de plus… Ce qui est évident pour elles, c'est que ce rapprochement était parfaitement inconscient.

De toute façon, Marie est un peu tête en l'air. Par exemple elle ne se souvient même plus du prénom du père de cet enfant. Elle avait probablement un peu trop fumé et trop abusé de l'alcool ce soir-là. Peut-être est-ce Bernard ou Marco, voire Jean-François ? Tout cela est resté tellement flou. Le principal c'est que l'enfant se porte bien. Il est né à terme et a été accueilli, avec impatience et grande joie, par ses deux mamans. Elles l'attendaient aussi fermement l'une que l'autre. Marie n'a même pas eu envie de retrouver ce père étant donné les circonstances de leur rencontre pour le moins anecdotiques. Elle a eu honte et il lui est devenu évident qu'elle devait tout faire pour oublier le plus vite possible cet épisode malheureux de sa vie affective… Elle pense peut-être faire des démarches, plus tard, dans quelques années, si Joseph revendique de connaître l'identité de cet homme. Elle verra bien à ce moment-là.

D'une certaine façon Joseph est leur seule famille. Les parents des deux sœurs sont morts dans un accident de voiture il y a huit ans de cela. C'est le père qui conduisait et comme il avait l'habitude de se nourrir à la bière, il est probable que l'alcool n'y était pas pour rien. Du côté du père et de la mère : pas grand monde, plus de grands-parents, une seule tante qui vit en Bretagne et dont elles sont sans nouvelles. Avec l'argent de l'héritage, elles se sont acheté cet appartement qu'elles ont pris le temps d'aménager à leur goût.

La vie s'est donc organisée autour de cet enfant, de leur enfant, sans grands problèmes, sinon ceux que réserve le quotidien le plus banal. Pendant que Sophie s'en occupe régulièrement dans la journée, Marie peut travailler et même faire des heures supplémentaires. Il arrive que Sophie se rende en province, chez son ami qui habite chez sa mère. Il travaille sur les marchés et vend du poisson. Elle l'a rencontré l'été dernier, sur une plage. Il ne semble pas bien exigeant car il ne pose pas beaucoup de questions et se contente de la voir ainsi, un ou deux jours chaque mois. Il s'appelle Paul, mais tout le monde l'appelle Paulo…

Les paradoxes de la thérapie

L'exemple qui suit illustre le fait que certaines thérapies peuvent accélérer, paradoxalement, l'apparition d'une crise dans un couple jusqu'à le mettre en péril. Dans ce cas, l'intervention du thérapeute met en évidence le fait que ce qui se joue autour des enfants est plus important que ce qui se joue dans le lien conjugal.

Cet homme a 35 ans. C'est un jeune cadre dynamique qui se trouve à un tournant de sa carrière professionnelle. Il a parfaitement conscience de reporter constamment des choix qu'il a à faire et commence à se mettre en péril dans ses relations avec sa hiérarchie. L'origine de ces hésitations est à mettre sur le compte, selon lui, de son histoire familiale. En fait, il vient voir un psychothérapeute car il se sent mal à l'aise vis-à-vis de ses propres parents et surtout vis-à-vis de sa mère.

Pierre est marié depuis huit ans, il a deux enfants âgés de 6 et 3 ans. Sa femme ne travaille pas depuis la naissance du second enfant. Ce patient est originaire d'un petit village du sud-est de la France. Il est l'aîné de quatre garçons. Comme ses parents étaient de petits commerçants, il leur paraissait évident que cet aîné reprendrait leur petite affaire, ce qu'il n'a pas fait. Son frère cadet a donc pris la succession de ses parents, malheureusement sans grand succès car le magasin a été revendu au bout de deux ans.

Pierre se sent donc coupable d'avoir en quelque sorte « abandonné » ses parents et surtout sa mère. Celle-ci ne manque pas une occasion de lui rappeler divers épisodes de son enfance ainsi que l'attachement qu'elle a envers lui. Sans vergogne, elle le compare fréquemment à ses trois autres frères, au détriment de ces derniers. Le malaise s'est donc également installé avec eux. Il est devenu le méchant qui a abandonné toute sa famille pour monter égoïstement à la « grande ville ».

Il s'agissait donc de l'aider à reconstruire une estime de lui qui lui permette de mieux réussir sa vie professionnelle, sans pour autant devenir encore plus le bourreau de sa mère et de sa famille. Il a fallu un peu plus de six mois de travail pour y parvenir. Ceci lui a permis, par exemple, d'aller chez ses parents sans se sentir angoissé, ce qui était le cas jusque-là.

Après quelque dix mois d'interruption, il est revenu me voir. Cette fois-ci, il s'agissait de son couple qui allait de moins en moins bien. Pierre n'est pas revenu sans avoir réfléchi à sa situation et aux suites des entretiens que nous avions eus ensemble :

PIERRE : Je me suis rendu compte que ma femme me supportait de moins en moins bien… il m'a fallu quelques mois pour m'en rendre compte…
THÉRAPEUTE : Pour vous rendre compte de quoi ?
P : Eh bien, pour me rendre compte qu'elle me préférait avant… comme j'étais avant…
T : Qu'elle vous préférait avant ?!
P : Oui, avant la thérapie…
T : Avant la thérapie…

Pierre éprouve beaucoup de difficultés pour accepter de livrer ses craintes. Dire à haute voix ce qu'il a en tête donne bien trop de réalité à ses pensées. Il attend de moi que je le fasse à sa place, ce que je me refuse à faire. Parler à sa place, c'est le considérer comme un enfant et c'est précisément ce qu'il ne veut plus être. Nous continuons encore quelques instants à jouer au chat et à la souris avant qu'il accepte enfin de se lancer.

PIERRE : En fait, j'ai l'impression qu'elle trouve que je m'affirme trop maintenant. Elle trouve que j'ai changé. Vous comprenez, c'est avant tout une mère…
THÉRAPEUTE : Que s'est-il donc passé, plus précisément, pour que vous soyez revenu me voir ?
P : Il y a trois mois ma femme m'a annoncé qu'elle était enceinte. Elle m'a fait croire qu'elle prenait la pilule… En fait, elle ne la prenait plus depuis longtemps… C'est un désaccord fondamental entre nous : elle veut un troisième enfant et moi je m'y refuse absolument… absolument…
T : Pour quelles raisons ?
P : D'abord pour elle. Elle a eu deux grossesses très difficiles. Chaque fois, elle est restée allongée pendant près de six mois. Les accouchements ont été très laborieux. Ensuite pour nous, je veux dire pour notre couple. J'estime que deux enfants c'est déjà difficile… nous avons très peu de temps pour nous. Alors un troisième… surtout dans ces conditions… alors qu'elle ne travaille pas, ce que j'ai toujours souhaité.
T : Elle est donc enceinte ?
P : Non ! Heureusement elle a fait une fausse couche… mais depuis nous n'avons plus de rapports…
T : De rapports sexuels ?
P : Oui, c'est cela ! Je n'ai plus confiance en elle.

Il s'agit là d'une situation somme toute assez banale. Je veux dire par-là que le changement provoqué par la thérapie pour l'un des deux membres du couple pose souvent problème à l'autre membre du couple. Jusque-là les deux avaient trouvé un consensus qui « équilibrait » leurs relations. Tout va bien avant que l'un des deux se « révolte », plus ou moins consciemment et plus ou moins clairement, contre le consensus qui prévalait. Généralement la demande de thérapie ne concerne pas le couple mais, comme pour Pierre, les relations avec les enfants ou avec les parents.

Cet homme a donc « grandi » grâce à la thérapie. Il ignorait que sa propre femme avait trois enfants. Il faisait partie du nombre et ils s'en étaient satisfaits l'un et l'autre. En grandissant, il est « sorti » de la fratrie. Elle a donc cherché à corriger cette « défection » en mettant en route une grossesse par un moyen, il est vrai, assez discutable. Pierre se révolte alors non seulement contre cette mère abusive mais également contre une épouse qui commence à lui faire des enfants dans le dos.

J'ai proposé à Pierre de le rencontrer avec son épouse. Cette éventualité l'a soulagé car il était très inquiet pour le devenir de son couple. Après quelques hésitations, elle a fini par accepter.

THÉRAPEUTE : J'ai souhaité vous rencontrer avec votre mari pour mieux connaître votre avis sur certains points. Est-ce que vous êtes quelquefois inquiète pour lui ?
ELLE : Oui, surtout pour tout ce qui concerne ses relations avec sa mère… ça a toujours été difficile entre eux… sa vie n'a pas été très facile, il faut la comprendre…
PIERRE : Oh ! ça va beaucoup mieux !
ELLE : C'est ce que tu crois, c'est ce que tu veux croire. Je ne te l'ai pas dit…
P : … tu ne m'as pas dit quoi ? …
ELLE : … (*continuant sa phrase, imperturbable*) … mais elle m'a appelée ce week-end pour me dire qu'elle te trouve bizarre… de plus en plus bizarre, elle considère que tu ne t'occupes pas assez des enfants… j'ai fait tout ce que j'ai pu pour la rassurer…
P : Comment ça… qu'est-ce que tu racontes… je ne m'occupe pas assez des enfants ?!

Cette femme montre ainsi très rapidement tout son pouvoir. Je ne peux pas m'empêcher de considérer qu'elle emploie encore une fois les grands moyens, même s'ils lui sont familiers. D'emblée elle se « sert » de sa belle-mère pour tenter de remettre son mari dans un statut d'enfant. Il existe ainsi une collusion entre les deux femmes pour se « partager » cet homme à partir des faiblesses que cette épouse n'hésite pas à souligner devant le thérapeute pour mieux le disqualifier, d'autant plus qu'il est un homme. C'est sur le registre de mère qu'elle se place donc, ce qui est tout à fait compréhensible dans la mesure où elle le pratique fort bien.

Pour cette femme, dans ce qu'elle décrit « spontanément », il n'existe aucun problème dans le couple :

THÉRAPEUTE : Donc vous êtes inquiète pour lui ?!
ELLE : Oui, tout à fait ! Je vous l'ai dit… surtout par rapport à sa mère… sa pauvre mère. C'est elle qui est très inquiète pour lui… moi aussi…
T : Et pour le couple ?
ELLE : Tout va bien !
T : Madame, avez-vous le sentiment que votre mari est inquiet pour le couple ?
ELLE : Je ne pense pas, non… je ne pense vraiment pas… mais vous pouvez le lui demander !

C'est ce qu'en rugby on appelle « botter en touche ». Me voilà donc les quatre fers en l'air. Elle cherche visiblement la confrontation autant pour le tester que pour me montrer son pouvoir. Je ne pense pas devoir l'éviter.

THÉRAPEUTE : J'ai bien compris qu'il est là… près de vous madame. Je le sais aussi bien que vous, nous sommes d'accord là-dessus. Pouvez-vous lui poser la question ?
ELLE : Quelle question ?

T : Je n'arrive pas à croire que vous avez déjà pu l'oublier, cela me paraît impossible !
ELLE : Je ne comprends pas. Vous voulez dire s'il est inquiet pour le couple ?
T : N'ayez pas peur de lui poser la question !
ELLE : (*un peu piquée au vif par ma remarque*) Le docteur veut savoir si tu es inquiet pour le couple ?
T : Non, excusez-moi... C'est vous qui lui posez la question. Moi, je ne suis pas marié avec lui !

Il a donc fallu prendre le risque de se perdre dans quelques détours avant d'en arriver à l'actualité la plus immédiate.

PIERRE : Effectivement... je suis inquiet surtout après ce qui s'est passé il y a trois mois...
ELLE : Il y a trois mois ?!
P : (*excédé*) Quand tu es tombée enceinte...
ELLE : (*en soupirant*) Ah ! oui...
THÉRAPEUTE : Vous tenez beaucoup à ce troisième enfant ?
ELLE : Oui, bien sûr... Une femme est faite pour avoir des enfants... Depuis que je suis toute petite fille, j'ai toujours été persuadée que j'aurai quatre enfants... Moi-même, je suis l'aînée de trois frères, vous comprenez ?
P : Quatre enfants... ! Mais tu sais très bien, aussi bien que moi, dans quel état ça te met...
ELLE : Qu'est-ce que tu veux dire par-là ?
P : Mais enfin, tu sais très bien ce que je veux dire... nous en avons souvent discuté à la maison, je vais te répéter ce que je t'ai déjà dit de nombreuses fois... tous les problèmes que tu as eus avec tes grossesses et tes accouchements...
ELLE : Je m'en suis toujours très bien sortie !
T : Vous avez donc été enceinte... récemment ?

ELLE : Oui… malheureusement… Eh bien… j'ai perdu cet enfant au bout de quelques semaines (*elle se referme sur elle-même pour mieux écraser un sanglot*).

J'ai alors eu le sentiment d'une incompréhension totale entre ces deux personnes. Il m'a surtout semblé que cette femme n'était pas loin d'envisager une séparation du couple puisque son mari lui refusait ce troisième enfant. En allant plus loin encore, cette exigence, dont elle ne pouvait ignorer les risques pour elle-même, pouvait facilement devenir le prétexte de cette rupture.

THÉRAPEUTE : Monsieur, comment voyez-vous l'avenir de votre couple, pour les mois qui viennent, au-delà de l'inquiétude dont vous parliez il y a quelques minutes ?
PIERRE : Ce que je crains surtout c'est que le choix ne se joue, pour ma femme, qu'entre une séparation et le fait que j'accepte ce troisième enfant…
T : Et pour vous, madame… ?
ELLE : Peut-être a-t-il raison… je ne sais plus… Je ne sais plus ce que je dois faire ni ce que je peux lui demander ou ce que je ne peux pas lui demander…
T : Vous pensez qu'il vous aime ?
ELLE : … (*hésitant*) Oui… oui, je le crois…
T : Vous pensez également qu'il ne vous le montre pas toujours comme vous le souhaitez… ?
E : Oui, c'est cela… Je pensais que ça se passerait autrement entre nous…

Il a fallu encore bien des séances pour que ce couple se retrouve. Le chemin qu'elle a dû parcourir pour accepter que son mari devienne un homme s'est doublé des pénibles étapes qu'elle a dû franchir pour accepter, plus simplement encore, un homme à côté d'elle. Tout cela résonnait pour elle par rapport à sa propre enfance et aux images parentales qu'elle avait héritées de son père et de sa mère. Comme souvent, le problème s'est ici construit sur trois générations et peut-être même davantage.

La mère et l'enfant

Marie est presque une fiction, alors qu'Isabelle est bien réelle. Je ne l'ai vue qu'une seule fois mais elle me semble être l'exemple même d'une femme qui illustre parfaitement ce chapitre consacré aux « Vierge Marie ».

Isabelle a 38 ans. En fait, elle donne facilement le sentiment d'en avoir seulement 20. Elle vient me voir pour son fils Adrien, âgé de 8 ans qu'elle voudrait que je rencontre ultérieurement. Son problème immédiat est qu'elle ne sait pas comment faire face aux multiples questions qu'il pose à propos de son père. Alors, tout naturellement, elle vient me demander des conseils…

En effet, Isabelle a été, pendant quelques mois, la maîtresse de son voisin de palier, marié et père de deux enfants, jusqu'à ce qu'elle soit enceinte de lui. Ils n'ont plus eu de relations intimes dès que cette grossesse a été connue. Elle était une amie de longue date du couple ; sa propre mère ainsi que les parents de cette voisine, originaires de la même ville, se « fréquentent » encore maintenant. Lorsque cet homme lui a demandé s'il était lui-même le père de cet enfant, elle lui a répondu, avec toutes les apparences de la sincérité, que ce n'était pas le cas. Il a probablement fait semblant de la croire parce que cela l'arrangeait. Il a simplement dit qu'il valait mieux que cet homme, quel qu'il soit, ignore cette paternité. Isabelle s'engageait ainsi, sans en prendre immédiatement conscience, dans une longue suite de non-dits, de secrets et de mensonges, jusqu'à la situation actuelle qui devient bien sûr tout à fait intenable pour tout le monde et notamment pour son fils.

Il y a cinq ans, le couple s'est séparé, plus exactement l'homme a quitté sa femme avant de se remarier, il a maintenant deux autres enfants en plus de ceux qu'il avait donc eus dans son premier couple, deux garçons âgés de 22 et 20 ans. Isabelle est bien évidemment restée en contact avec sa voisine qui sort à peine d'une dépression qu'elle met sur le compte de cette séparation aussi brutale qu'inattendue. Elle a donc dû l'aider dans ces circonstances tout en étant dans l'impossibilité de décrire avec précision l'engrenage des causes qui ont fait d'elle une fille mère, à l'âge de 30 ans. Elle rencontre également ses deux fils qui sont donc les demi-frères d'Adrien. L'aîné est vendeur dans un magasin d'articles de sport que le fils d'Isabelle fréquente régulièrement.

Adrien se montre de plus en plus pressant auprès de sa mère lorsqu'il cherche à connaître ses origines ainsi que les circonstances qui ont entouré sa naissance.

THÉRAPEUTE : Quelles sont les questions qu'il vous pose ?
ISABELLE : Il m'a d'abord demandé si je connaissais l'identité de son père… je lui ai dit que oui… Évidemment, il a cherché à aller plus loin… il m'a tout de suite demandé s'il le connaissait… et je n'ai rien pu lui dire…
T : Rien du tout !?
I : Je lui ai simplement dit que je ne pouvais rien lui révéler de plus, car j'avais peur qu'il répète… et que cela poserait des tas de problèmes tous plus insurmontables les uns que les autres… pour lui et pour de nombreuses personnes… je ne lui ai rien dit de plus à partir de ce moment-là…

En ne livrant ainsi qu'une petite part de la vérité, Isabelle ne pouvait que renforcer la détermination de son fils. Face à l'embarras qu'il a créé, il a pu comprendre qu'il était en mesure d'exercer un pouvoir sur sa mère, voire un chantage. Dès lors qu'elle a construit ce secret, pour elle seule, il lui est devenu impossible de le partager. Si elle dévoile l'identité du père de l'enfant à une personne dans sa famille, elle peut craindre que sa voisine ne l'apprenne plus ou moins rapidement. Surtout, partager cette information avec son fils, le premier intéressé, c'est probablement se condamner à changer totalement de lieu et de mode de vie. C'est également prendre le risque d'une crise familiale, c'est peut-être refermer encore davantage sur lui-même le couple qu'elle forme avec son propre fils.

Isabelle a une formation de bon niveau, elle a fait des études de pharmacie et s'est spécialisée dans les cosmétiques. Cependant, elle ne travaille que très irrégulièrement sur des contrats à durée déterminée alors qu'il lui serait très facile de trouver un bon poste dans une entreprise internationale. Actuellement, elle aide une amie à monter un spectacle de mime. Elle gagne ainsi sa vie, modestement et irrégulièrement. Cela lui permet, comme elle le dit elle-même, de rester jeune et de ne pas se fixer dans la monotonie du quotidien, de se vivre comme si elle avait 20 ans alors qu'elle en a donc 38.

L'histoire familiale d'Isabelle permet de mieux comprendre les choix de vie qu'elle a faits, même si tout cela n'est pas le résultat d'une réflexion consciente qui a pu aboutir à des décisions claires et précises. Bien évidemment, elle a très peu connu son père ; il a abandonné le domicile familial alors qu'elle avait à peine un an. Ses parents n'étaient pas mariés et elle a deux frères plus âgés qu'elle. Depuis, la famille est restée sans nouvelles précises de cet homme, elle croit savoir qu'il vit à l'étranger et qu'il a deux ou trois autres enfants. Lorsqu'elle pose des questions à sa mère, là, également, les réponses restent vagues et les informations imprécises ou partielles. Elle n'insiste pas pour ne pas la blesser. C'est ce qui fait que les mêmes non-dits et les mêmes types de secrets se répètent ainsi d'une génération à une autre, d'une femme à une autre, toujours à propos des hommes et des pères.

Isabelle n'est pas vraiment inquiète pour elle-même sauf pour ce qui concerne ses relations avec d'éventuels compagnons.

THÉRAPEUTE : Vous êtes restée seule depuis la naissance d'Adrien ?
ISABELLE : Oui, c'est difficile de trouver quelqu'un dans ces conditions… vous comprenez, une femme seule avec un enfant surtout de cet âge-là… cela décourage très facilement tous les hommes plus ou moins rapidement…
T : Vraiment personne ?
I : Peut-être deux ou trois aventures, Adrien n'en a jamais rien su. À part ça, personne de sérieux… personne qui plaise aussi bien à Adrien qu'à moi… (*elle se reprend très vite en ayant le sentiment de s'être trahie*) je veux dire quelqu'un qui me plaise… à moi…
T : Et vous avez peur pour lui ?
I : Pour Adrien ?
T : Oui, pour Adrien…
I : Oui, bien sûr, j'ai peur que quand il sera adolescent il devienne de plus en plus difficile. Je ne crois pas être assez autoritaire pour lui tenir tête. Je me rends bien compte qu'il aurait besoin d'un père, de quelqu'un qui puisse jouer ce rôle…
T : C'est la raison pour laquelle vous souhaitez qu'il vienne ici pour que je le rencontre ?
I : Oui, c'est cela… enfin pas tout à fait… J'aurais besoin de votre avis. J'ai besoin de savoir ce que je dois faire avec lui, pour éviter de faire des erreurs.
T : Vous lui avez dit que vous étiez venue voir quelqu'un ? Lui avez-vous parlé de notre rendez-vous d'aujourd'hui ?
I : Non, parce qu'il est très opposé à ce genre de chose, il a un cousin qui a un problème d'énurésie et qui est suivi par une psychothérapeute et qui lui en a parlé… Je

ne sais pas ce qu'ils se sont dit, mais Adrien n'a aucune envie d'aller voir quelqu'un..., il me l'a déjà dit...

Non seulement Isabelle s'est enfermée dans une logique de secrets, mais elle se trouve également confrontée à la solitude affective. Elle a établi une distance considérable entre les hommes et elle-même. De ce point de vue Adrien est devenu un « obstacle » pour lequel elle doit probablement avoir des sentiments très ambigus : à la fois cette distance lui permet de continuer à penser que les hommes ne sont pas fiables, et elle doit se rendre compte qu'elle sacrifie sa vie de femme. Cette ambiguïté envers Adrien doit être perçue par l'enfant. Il n'est pas possible qu'il n'en souffre pas même s'il est probablement incapable d'exprimer clairement l'attitude de sa mère envers lui.

Elle reste dans une logique de secret même en ce qui concerne la rencontre avec le psychothérapeute. Cela signifie qu'il serait encore plus difficile de rencontrer Adrien, dans l'hypothèse où un psychothérapeute le souhaiterait. D'une certaine façon, la démarche d'Isabelle auprès de moi, telle qu'elle l'a construite, est vouée à l'échec, car son fils ne peut qu'y voir encore une manœuvre secrète de sa mère.

Toute la difficulté du thérapeute est de changer l'appréhension qu'Isabelle peut avoir de l'ensemble de la situation. En effet, elle n'a pas le sentiment d'avoir des problèmes à régler, car ce qu'elle vit, même si cela est difficile à tenir, la conforte dans ses croyances vis-à-vis des relations entre les hommes et les femmes. Elle peut ainsi continuer à penser que les hommes sont incapables de lui apporter un soutien et qu'ils restent dans leur égoïsme fondamental. Par contre, elle conçoit facilement que son fils puisse avoir besoin d'un thérapeute, si possible un homme, qui lui tienne lieu de père, afin que soient précisées et constamment rappelées pour lui les quelques limites qu'elle ne se sent pas capable de poser. À mesure qu'il grandit, elle sent qu'elle ne va pas être capable de s'enfermer sur ses secrets.

Dans l'esprit du thérapeute, tout à l'inverse, c'est Isabelle qui a besoin d'une aide. Il s'agit surtout de faire en sorte qu'Adrien ne devienne pas nécessairement un enfant à problèmes, comme les autres hommes que sa mère a pu côtoyer. Sa mère a besoin d'apprendre à donner sa confiance à un homme, même s'il est thérapeute. Cet apprentissage peut ensuite être utile pour son fils, car Isabelle a déjà tendance à puissamment anticiper les problèmes qu'il peut poser, ce qui est la meilleure façon de l'« aider » à les créer.

Tout le paradoxe est là : cet enfant est à la fois, pour sa mère, un problème et une solution. Dès qu'il a été conçu, il est entré dans différentes logiques et se trouve sensiblement déterminé par des enjeux qui le dépassent car ils se sont construits autour d'autres acteurs. Le meilleur thérapeute pour l'enfant c'est d'abord sa mère. Elle seule doit être capable d'introduire un autre homme dans le couple qu'ils forment. Un autre homme ou plus exactement un « vrai » autre homme, pas seulement un thérapeute qui ne peut avoir qu'une action limitée parce que, par définition, supplétive.

7

Reconstruire des liens

Le contexte socioculturel de la crise des couples a donc été défini. Il s'agit, en quelque sorte, d'une nouvelle redistribution des rôles de chacun. Tout cela ne va pas sans souffrances, surtout pour les enfants. Il s'agit donc, dans le cabinet du thérapeute de couple et dans l'état actuel des choses, de reconstruire le lien conjugal selon ce qui ressemble inévitablement à une normalité et que nous avons, à ce jour, héritée des XVIIIe et XIXe siècles.

Dans ce dernier chapitre, nous allons avant tout aborder la description de certaines tentatives de « normalisation » du couple, nous verrons qu'elles prennent facilement l'aspect de la caricature. Pour le thérapeute, le premier enjeu est, tout simplement, d'avoir un couple devant lui, ce qui n'est pas toujours le plus facile à obtenir. Nous verrons ensuite ce qu'il en est des stratégies qu'il peut mettre en place pour aider ces couples à mettre à plat ce que sont leurs relations avant de tenter de les redéfinir.

À l'évidence, le thérapeute n'a pas à imposer sa propre image du couple, mais il ne peut éviter de tenter de changer les choses. Il cherche à répondre à la démarche qui est faite par les personnes qui viennent le consulter. Il doit laisser à chaque instant et à chaque personne une totale liberté de choix quant au devenir de cette démarche. Il apporte des alternatives face à la souffrance indéniable qui motive leur présence commune devant lui.

La tentation de la caricature

Dans sa remise en question, l'homme est parfois tenté de renouer avec la nostalgie de ce qu'il pense avoir été son âge d'or, c'est-à-dire le temps béni où le couple et la famille étaient stables, les femmes et les enfants soumis, les limites clairement définies et la violence inexistante. Il s'agit bien d'une nostalgie qui a pour principale caractéristique d'enjoliver et de simplifier ; comme tout paradis, celui-là n'a jamais existé. Il n'est que le reflet des images d'Épinal qui ont fixé une représentation traditionnelle de la famille. Le père est installé dans un fauteuil au coin du feu, un chien reste tranquillement allongé à ses pieds, sa femme lui sert une tasse de café alors que leurs deux enfants jouent paisiblement à quelques mètres de là. Voilà pour le rêve alors que le couple et la famille ont toujours été le lieu statistiquement le plus dangereux pour chacun de nous. N'en déplaisent à tous ceux qui défendent ces valeurs, quel que soit leur extrémisme, comme étant les ultimes remparts contre tous les dangers venus d'ici et surtout d'ailleurs.

En fait, dans toute famille se rencontrent et coexistent, au même moment et en un même lieu, des liens biologiques et non biologiques. De plus, les premiers dérivent des seconds. Tout le paradoxe réside dans le fait que la biologie se construit sur le contractuel, éminemment fragile. Comme si le plus solide s'appuyait sur le plus instable. On comprend que le poids de la religion, ou de l'État, paraisse pour certains encore quelquefois nécessaire et utile pour renforcer les fondations en confortant le couple avec des croyances et des certitudes qui ne peuvent que les dépasser, ce qui les rend irréfutables.

En réaction, face au délitement actuel du lien conjugal, certains groupes tentent de réaffirmer des valeurs qui leur paraissent fondamentales. Ils s'appuient donc sur une logique de « saine » nostalgie. Ces mouvements vont des plus naïfs au plus inquiétants, dans une phraséologie politico-religieuse qui ne dédaigne pas elle-même de se frotter aux extrêmes. En voici deux exemples parmi bien d'autres :

La séduction du chasseur

Dans quelques grandes villes, certaines personnes, hommes et femmes, peuvent avoir le sentiment que les fauves ont disparu tout comme le gibier. On voit ainsi se développer des cours qui sont supposés réapprendre aux hommes à (re)prendre contact avec leur instinct de chasseur. Ces cours, généralement mis en place par des femmes, prétendent restaurer pour l'homme sa véritable dignité qui trouve ses origines, cela est évident, chez l'homme préhistorique. Nous en revenons toujours à ce temps béni où tout était merveilleusement simple.

L'enseignement vise donc à la réintroduction d'une espèce disparue, celle des hommes, des vrais, quelqu'un ou plutôt quelque chose qui peut être situé entre Cro-Magnon et Tarzan. Cet enseignement, car c'est ainsi que tout cela est présenté, peut se résumer à quelques préceptes dont on peut d'emblée saisir la pauvreté et la dimension caricaturale :

• Parler le moins possible. Cet homme n'est pas un intellectuel, c'est le moins que l'on puisse dire. En effet, sa seule présence lui suffit pour s'imposer. La parole est réputée être trompeuse, elle ne correspond qu'à du bruit, ce n'est donc surtout pas un beau parleur. Il est là, tout simplement, dans toute la plénitude de sa force quasiment animale. Un bon chasseur, c'est connu, est comme un animal, il ne parle pas.

• Regarder dans les yeux. Toute sa personnalité passe par son regard, c'est en cela qu'il ressemble, bien évidemment, à un véritable chasseur. Le regard est très utile, il identifie sa proie dans le troupeau, il en évalue les qualités et les défauts, enfin il la fige et même la pétrifie pour mieux s'en emparer. Le bon chasseur est comme un hypnotiseur de spectacle.

• Faire rêver la femme. Avec lui, ou plutôt face à lui, sa proie est d'emblée ailleurs. Notre homme sait d'emblée évoquer, par les promesses qu'ouvre sa seule présence, des paradis dont il est, bien évidemment, le seul spécialiste. Il est également le seul, à des lieues à la ronde, à en posséder les clefs. Très peu de mots suffisent pour emporter le morceau, peut-être même quelques grognements. Pour un bon chasseur, la meilleure des proies est celle qui accepte, comme une évidence, le sacrifice et la mort avec joie et enthousiasme.

On devine la suite qui doit être tout aussi expéditive. En effet, l'ambition du chasseur urbain est de devenir très facilement animal lui-même, c'est-à-dire mâle dans sa plus simple expression. Il est donc essentiellement primitif et, à l'évidence, le géniteur idéal d'une progéniture qui ne peut que lui ressembler comme deux gouttes de sperme.

Le retour des vrais hommes aux États-Unis

Les vrais hommes sont de retour aux États-Unis et dans quelques autres pays frappés par la nostalgie machiste. Ils reviennent au moins sous la forme de groupes, ou de groupuscules, très actifs et très présents dans les médias et notamment sur Internet. Ils se nomment eux-mêmes les *« Promise Keepers »*, « Ceux qui tiennent leurs promesses », ou encore les *« Angry White Males »*, les « Hommes blancs en colère ». En Europe, et notamment en Suisse, se développe le « Forum des hommes », groupe très apparenté aux *« Promise Keepers »* américains et dont les membres revendiquent même leur antériorité par rapport à ces derniers. Ces mouvements, au-delà de tout ce qu'ils parviennent à agréger de ressentiments, de peur et d'idées reçues, illustrent le désarroi des sociétés occidentales où la place de l'homme et de la femme montre une profonde évolution. Prenons simplement l'exemple des *« Promise Keepers »*.

Né aux États-Unis ce mouvement religieux, ou plutôt parareligieux, a été fondé en 1990 par Bill MacCartney, originaire du Colorado et entraîneur de football américain jusqu'en 1995. Selon lui, les hommes sont responsables de l'essentiel des problèmes qui se posent dans ce pays. Ils ont renié leurs engagements et ont laissé se développer le chaos moral et social dans la permissivité et la violence. C'est ainsi que sévit, chez l'homme américain, ce qui est appelé le « syndrome de Peter Pan rampant », c'est-à-dire la volonté manifeste de ne pas vouloir grandir, avec toutes les conséquences que cela entraîne.

Ces mêmes hommes ont donc à (re)prendre leurs responsabilités à tous les niveaux de la société, mais d'abord et avant tout dans leur couple et dans leur famille. Ils doivent redevenir intègres et purs. La Bible est une référence omniprésente dans les écrits et les discours des leaders de ce mouvement comme c'est très souvent le cas en Amérique du Nord. L'interprétation, voire le détournement, de certains passages des Saintes Écritures leur permet de revendiquer une nette hostilité envers l'avortement, l'homosexualité et bien sûr les mouvements de libération des femmes.

Surtout leur œcuménisme apparent cache mal un prosélytisme très agressif. Ils placent au-dessus des autres la « race » blanche, de même le message du Christ et l'enseignement de la Bible doivent être utilisés comme des références ultimes. Les méthodes qui structurent leurs pratiques sont fortement influencées par les mouvements charismatiques. S'y mêlent également une bonne dose de psychologie *New Age*, quelques rites phalliques plongeant dans la plus pure tradition druidique et enfin le sentiment d'avoir été choisis par Dieu pour sauver le pays. Tout cela s'est avéré comme étant très efficace.

Ce mouvement semble avoir connu son apogée en octobre 1997, en rassemblant lors d'une manifestation à Washington entre cinq cent mille et sept cent mille participants. La radicalisation de ce discours machiste a entraîné, toujours aux États-Unis, l'émergence de mouvements féminins — et non pas féministes — qui viennent compléter, dans la soumission la plus parfaite, les prises de position de leurs *alter ego* masculins. Ces répliques se nomment « *Heritage Keepers* » ou encore « *Women of Faith* ». On y retrouve les mêmes thèmes en quelque sorte inversés, autour de la Bible, du couple, de la famille et des valeurs morales.

Le début d'un travail en psychothérapie

Loin de ces extrêmes, le travail du psychothérapeute de couple et de famille peut être décrit, d'une manière ici théorisée, de la façon suivante :

• Premier temps : Une femme, une épouse, lui téléphone soit pour un problème d'enfant soit, plus directement, pour un problème de couple. Généralement elle envisage un premier contact où elle va venir seule, car sa démarche se fait en dehors de son mari ou de son compagnon.

• Deuxième temps : Le thérapeute demande d'emblée à rencontrer soit l'ensemble de la famille ou les parents s'il s'agit d'un problème avec un enfant, soit les deux membres du couple s'il s'agit, bien évidemment, d'un problème de couple.

• Troisième temps : Cette femme manifeste des doutes, et quelquefois bien plus, quant à la volonté du père ou du mari d'accepter le principe même de cette démarche. Elle fait clairement comprendre au thérapeute qu'il est peu probable que l'homme de la maison acceptera de l'accompagner.

• Quatrième temps (première version) : Un thérapeute « radical » refusera d'aller plus avant. Il pose en effet comme un préalable la présence du père ou du mari. Il considère que le rapport de force avec l'absent est inévitable et qu'il est préférable de l'établir le plus tôt possible.

• Quatrième temps (seconde version) : Un thérapeute plus souple acceptera, pour un temps, l'absence du père ou du mari. Il précise cependant qu'il n'a en rien abandonné l'idée de le rencontrer au cours d'un entretien ultérieur.

• Cinquième temps (première version) : Dans la plupart des cas la présence de l'homme, qui était présentée comme difficile à obtenir par la femme, s'avère tout à fait possible. Il s'agit donc d'une situation qui est bien plus facile à gérer pour le thérapeute qu'il ne pouvait le craindre.

• Cinquième temps (seconde version) : Généralement, lorsque le thérapeute a vu la femme seule il est plus facile de rencontrer le mari ou le père de l'enfant lui-même seul. Dans un second temps, c'est alors le couple qui sera reçu par le thérapeute.

• Sixième temps : Le travail effectif peut alors commencer lorsque la présence des deux membres du couple est acquise.

• Septième temps : S'il s'agit d'un problème d'enfant, il sera bien plus difficile de faire admettre au couple l'utilité de les voir seuls sans le ou les enfants à problème.

Bien évidemment, chacun dans le couple aura tendance à tenter d'établir une alliance avec le thérapeute pour mieux rejeter sur l'autre la responsabilité des problèmes. Ce sont là des manœuvres normales qui font partie de tout début de thérapie. Elles sont de « bonne guerre » et visent à imposer au thérapeute une vision partielle et partiale de la situation.

Disqualification mutuelle

Voici un premier exemple où chacun des deux protagonistes tente de persuader le thérapeute de la validité de sa propre définition de leur problème commun.

> Une femme prend un contact téléphonique avec un psychothérapeute qu'elle ne connaît pas. Elle semble très angoissée et donne le sentiment de se trouver confrontée à un problème à la fois grave et récent. C'est ce qui fait qu'elle cherche à imposer une certaine urgence au cours de cette première conversation.
>
> MME X : J'ai de gros soucis avec mon petit garçon. Il s'appelle Bernard et il a 5 ans. Ce qui m'inquiète énor-

mément c'est qu'il parle constamment de la mort… il fait des cauchemars toutes les nuits… j'aimerais que vous le voyiez dès que vous le pouvez… il est d'accord… il sait que je vous appelle d'ailleurs il est à côté de moi. Est-ce que c'est possible très rapidement, par exemple avant la fin de cette semaine ou, au plus tard, s'il vous plaît, au début de la semaine prochaine ?
THÉRAPEUTE : Pouvez-vous venir avec son père ? …
MME X : Vous voulez dire mon fils et son père ?
T : Non, vous et son père, les deux parents de l'enfant…
MME X : Impossible, il ne veut pas venir… c'est le genre de chose qu'il refusera certainement…
T : (*un peu étonné*) Vous lui avez déjà posé la question ?
MME X : Non, mais je sais qu'il ne viendra pas, d'abord il est constamment en déplacement et puis, de toute façon, je n'ai pas encore eu le temps de vous le préciser, mais son père et moi nous ne vivons pas ensemble !

Le problème est donc clairement posé de la présence ou non du père. Le thérapeute se trouve d'emblée placé devant un dilemme : exiger la présence du père c'est prendre le risque de voir cette situation lui échapper (en même temps qu'un patient) ; voir la mère seule avec l'enfant, c'est se faire violence à lui-même et donner le sentiment d'abandonner une approche plus globale de la situation. Il choisit ici de proposer de voir la mère seule, comme un compromis entre ses attentes à elle et son modèle habituel. Bien évidemment, elle accepte assez facilement ce qui, pour le thérapeute, est une cote mal taillée.

Au cours de ce premier entretien le psychothérapeute apprend que le couple n'est pas marié et que le compagnon de Mme X. a eu un fils d'un premier mariage. Ce fils s'est suicidé, à l'âge de 18 ans, il y a environ huit mois, comme le père de ce même compagnon une quinzaine d'années auparavant. À l'évidence, cette femme tente de justifier ses craintes pour son propre fils par ce qui est pour elle une hérédité chargée :

MME X : Vous comprenez, tout cela est très lourd. J'ai le sentiment que le père de Bernard n'a absolument pas fait le deuil de son grand fils. Il n'a jamais fait de travail sur lui-même et vous voyez bien qu'il n'est pas prêt de le faire... Quant à son père... le grand-père de Bernard, je l'ai très peu connu mais il m'a toujours semblé que quelque chose ne tournait pas rond. Il n'y avait que son fils pour ne rien voir... d'ailleurs il n'a jamais voulu m'écouter là-dessus... jamais, ça risque d'être la même chose pour Bernard...
THÉRAPEUTE : Vous êtes très inquiète pour lui ?
MME X : Pour Bernard ?
T : Non, pour son père !
MME X : Oh ! oui, bien sûr... pour lui également... en fait je suis tout autant inquiète pour l'un que pour l'autre... mais c'est pour mon fils que je suis venue vous voir...
T : Qu'est-ce qui vous préoccupe avant tout ?
MME X : Eh bien... comme il n'a jamais voulu comprendre ce qui s'est passé pour son fils... j'ai peur que rien n'ait avancé... comment peut-il faire avec Bernard ? C'est surtout ce qui me préoccupe...

Le thérapeute propose alors de voir le père. Il présente cette offre dans un souci d'équilibre entre les deux membres du couple :

THÉRAPEUTE : J'aimerais maintenant rencontrer votre compagnon... puisque je vous ai vue dans un premier temps, il me paraît... disons « correct » de le voir à son tour...
MME X : Justement, sachant que je venais vous voir aujourd'hui il m'a demandé si vous acceptez de le recevoir... mais, dans son esprit il vient pour Bernard et absolument pas pour lui...

Comme cela arrive souvent, les réticences se sont évanouies et ont disparu aussi promptement qu'elles sont apparues. L'entrevue avec le père est alors tout aussi fructueuse que celle que le thérapeute a eue avec sa compagne.

M. X : Il faut que vous sachiez qu'elle a fait trois fausses couches avant d'avoir notre fils…
THÉRAPEUTE : Trois fausses couches !? Vous voulez dire avec vous et avant qu'elle ait été enceinte de Bernard ?
M. X : Oui c'est ça… elle a eu beaucoup de mal à l'avoir… nous avons eu beaucoup de mal à l'avoir. Je crois et j'ai toujours pensé que c'est vraiment quelqu'un de très angoissé… surtout depuis son accident de voiture…
T : C'est-à-dire ?
M. X : C'était il y a plusieurs années de cela… bien avant que je la rencontre. Elle a eu un grave accident de voiture. Elle a beaucoup de mal à en parler… même à moi. Depuis, elle évite de conduire une voiture autant que possible. Il lui arrive même d'avoir peur de l'avion et du train, c'est-à-dire de tous les transports en commun… Elle ne vous en a pas parlé ?
T : Non, nous n'avons pas eu l'occasion de discuter de cela. Et par rapport à Bernard ?
M. X : Par rapport à Bernard… c'est autre chose, je crois que son principal problème c'est surtout qu'il lui arrive quelquefois de ne pas se sentir capable…
T : Se sentir capable ?!
M. X : Oui, comme elle n'a pas toujours confiance en elle… souvent elle s'inquiète pour un rien, c'est évident… en tout cas pour moi, surtout pour tout ce qui concerne l'école, ses relations avec les autres enfants ou même la vie de tous les jours…

Ainsi chacun des deux interlocuteurs tente de mettre dans la tête du thérapeute que l'autre est angoissé ou craint telle ou telle situation. Chacun met l'autre dans la disqualification en se montrant inquiet ou préoccupé pour lui. Ainsi le père a d'abord « joué », et a « été joué », sur le registre de l'absence. Il a joué cette absence car il a laissé à sa compagne l'exclusivité de la prise en compte des inquiétudes de leur fils ; il a été joué car cette femme a tenté de l'exclure de cette prise en charge. Tous deux ont participé à une même logique, une logique d'exclusion, une logique d'absence. Elle a pu tenter de le faire car les hommes, du côté de ce compagnon, ont l'habitude de s'absenter en s'échappant de la réalité d'une manière plus ou moins violente.

L'enfant, par ses cauchemars, montre lui aussi ses angoisses. Il est probable qu'il emprunte à l'un et l'autre de ses parents la capacité de le faire. Comme un miroir, il leur renvoie à tous deux leurs propres craintes pour eux-mêmes et pour l'autre. Dans cet exemple, ce n'est qu'après avoir vu les parents séparément qu'il a été possible de les voir ensemble. Il s'agissait de pouvoir enfin poser la question du devenir du couple et, plus précisément encore, la question de savoir si elle acceptait un homme auprès d'elle et s'il acceptait de jouer un rôle d'homme auprès d'une femme et un rôle de père avec un enfant. L'angoisse de l'enfant tournait donc — tout simplement — autour de la question de savoir si ses parents formaient effectivement un couple !

Les stratégies du thérapeute

Quelles peuvent être les stratégies du thérapeute face à cette nécessité d'avoir à reconstruire le couple ? Elles sont à la fois banales et sans surprises, tout en étant souvent difficiles à mettre en place. Encore une fois, chacun vient avec ses croyances et ses certitudes, ses ressentiments et ses colères. D'abord chacun tente de faire alliance avec le thérapeute. La mise en place des éléments de stratégies que nous allons voir maintenant fait qu'il devient ensuite un adversaire pour les deux membres du couple. Son attitude et ses prises de position ne manquent pas de les choquer car il tente ainsi de les responsabiliser, tous deux et d'égale manière, face à leur situation commune.

Un état d'esprit particulier

Lorsqu'il est question de changement, une des principales conditions est l'état d'esprit dans lequel se trouve la personne qui est en charge de ce changement. Il est bien difficile, sinon impossible, d'obtenir quoi que ce soit de quelqu'un d'autre si l'on n'est pas soi-même persuadé de la validité et du bien-fondé de cette démarche et des conditions de cette démarche. Nous avons déjà vu que si le thérapeute n'est pas persuadé, devant un problème d'enfant, de l'utilité de rencontrer ses parents seuls, il n'y parviendra jamais. C'est donc dans son état d'esprit que le thérapeute trouvera les ressources qui lui permettent de construire le meilleur contexte de travail pour les couples auxquels il se trouve confronté.

Ainsi, il faut un solide optimisme et probablement une bonne expérience pour faire face, par exemple, à un couple que tout sépare depuis longtemps et que tout oppose, souvent dans une violence plus ou moins manifeste. Le thérapeute risque de devenir rapidement le bouc émissaire de chacun des deux protagonistes surtout lorsque l'attente de solutions, plus ou moins rapides et efficaces, est massive et ancienne. Il n'est rien de pire que de s'entendre dire que le thérapeute est le dernier recours avant le juge des affaires matrimoniales !

Le pourquoi et le comment

Face à tout problème, un thérapeute est en situation d'avoir à explorer et à utiliser deux types de logiques. La première concerne les raisons qui permettent de comprendre pourquoi telle ou telle situation s'est construite et s'est installée ; la seconde concerne les mécanismes qui ont fait, et qui font, que cette situation perdure et donc se maintient. Ces deux questions sont complémentaires l'une de l'autre. Il y a celle du pourquoi et celle du comment : pourquoi cette situation existe-t-elle ? et comment les intéressés font-ils pour y rester ? Il ne suffit donc pas de tenter de répondre à une seule de ces deux questions pour changer les choses.

Tout un chacun a besoin de comprendre pourquoi il en est là, à un moment ou à un autre de son existence. Il est d'abord profondément rassurant de trouver une explication à toute chose, cela donne ensuite un sentiment de cohérence dans sa propre histoire lorsque certains événements peuvent être reliés les uns aux autres. Ce sentiment de cohérence est en lui-même un facteur d'équilibre. Cependant, tout problème existe non seulement parce qu'il y a des raisons qui peuvent l'expliquer, mais également parce qu'il a une dimension relationnelle, laquelle donne un sens aux relations avec autrui, même si cette situation est problématique. Aucune prise de position dans la vie d'un individu, même la plus personnelle qui soit, n'échappe à cette règle. Tout est également relationnel.

Le fonctionnement des couples en difficulté est l'exemple même de ces situations où coexistent les deux logiques du pourquoi et du comment. Il est souvent facile de répondre à la première question. La transmission, au travers des générations, des mêmes modèles de couple est toujours très utile de ce point de vue. Quant à la seconde question, elle est d'un abord beaucoup plus délicat. En effet, ce que la question du comment sous-entend c'est que chacun, dans le couple, va faire en sorte de garder le problème. Ceci est difficilement acceptable pour les intéressés qui veulent chacun persuader le thérapeute de leur bonne foi respective.

En fait, chacun en arrive à agir envers l'autre pour se conforter dans l'idée que ce dernier, ou cette dernière, met le couple en échec. Autrement dit, chacun met l'autre en échec pour lui retirer toute possibilité d'améliorer la situation, tout en lui reprochant de ne pas le faire. C'est ainsi que le problème subsiste, dans la complaisance que l'on déploie pour le garder, tout en nourrissant des reproches envers le compagnon ou la compagne.

L'homme en arrive à considérer que sa femme est surtout quelqu'un qui ne fait que le disqualifier et le rejeter ; la femme peut ainsi continuer à penser que son homme ne brille que par son absence et son incompétence. Ces mécanismes sont ceux qui se déploient dans le présent et donc dans le quotidien. Ils répondent à la question « Comment font-ils pour efficacement garder leurs problèmes ? » Ils complètent et renforcent les logiques explicatives qui, elles, ne se réfèrent qu'au passé. Le thérapeute va donc avoir à travailler avec ces deux ordres de logiques.

Des changements de chaque côté

Un véritable changement ne correspond pas seulement, loin de là, à une solution qui viendrait définitivement résoudre le problème en question. Plus largement, c'est un changement de contexte qui rend ce problème, en quelque sorte, inutile et superflu. Il s'agit d'apprendre à se passer d'un problème. Dans un couple, chacun conçoit la solution comme étant le changement de l'autre. Ceci est impossible parce que, comme nous l'avons déjà vu à plusieurs reprises, chacun participe à la mise en place de la situation.

Ainsi, tant que le contexte est celui qui se constitue et se perpétue autour de reproches mutuels, rien ne peut véritablement changer. Autrement dit, il est impératif de sortir de cette réciprocité dans les récriminations, même si cette réciprocité correspond à une entente cachée entre les deux protagonistes. C'est la première étape pour qu'une dynamique de changement s'installe véritablement dans le couple. Mais le principal obstacle c'est la crainte de perdre la face devant l'autre.

En effet, chacun a peur de faire le premier pas de crainte soit que l'autre ne suive pas, soit d'en « lâcher » un peu plus que lui. Dans l'un et l'autre cas, le risque est de donner le sentiment de capituler donc de reconnaître sa responsabilité dans le problème actuel. Cela contrevient, bien évidemment, à la définition que chacun a de la situation et de la solution.

Pour contourner cet obstacle majeur, tout en cherchant à mettre en place une nouvelle dynamique, il m'arrive d'instituer l'échange suivant dans le couple : chacun propose et demande à la fois cinq petits changements. Il faut donc mettre en place une logique qui ait toutes les apparences de l'égalité, à savoir que chacun reçoit autant qu'il donne. Il faut également que ces changements ne paraissent pas trop impliquants, d'où l'importance qu'ils soient petits et donc éloignés autant que possible des sujets qui fâchent. Commencer humblement permet de ne pas se décourager immédiatement. Le nombre de cinq est suffisamment important pour donner un sens à cette tâche tout en n'étant pas trop contraignant. Ces éléments doivent enfin concerner la vie commune du couple et être très concrets pour être facilement visibles et donc évaluables par chacun lors de l'entretien suivant.

Par exemple, le mari propose d'apporter au lit son petit déjeuner à sa femme chaque dimanche matin, en retour il lui demande de l'accompagner chez sa mère une fois par mois. Elle peut demander une sortie en couple deux fois par mois, soit au théâtre soit au restaurant, tout en proposant de se teindre dorénavant en blonde. Même s'il existe apparemment un certain déséquilibre entre les deux propositions, chacun peut en être satisfait selon la valeur qu'il leur attribue.

Cette technique, qui peut paraître très simple, ne fonctionne qu'à deux conditions. La première est que tous ces changements doivent correspondre effectivement à des petites choses qui restent raisonnables, faciles à accomplir et concrètes. La seconde réside dans le sentiment que chacun doit avoir qu'il accepte des concessions qui ne sont pas plus importantes que celles dans lesquelles l'autre s'engage lui-même.

Un processus de changement ne peut prendre place que dans la mesure où les premiers objectifs fixés sont très facilement atteignables et atteints. Il est tellement facile de se décourager, et le meilleur moyen d'y parvenir est de se montrer d'emblée trop ambitieux. C'est ainsi qu'une logique d'échec serait efficacement maintenue dans le couple ainsi que dans la thérapie.

Ce premier pas franchi, d'autres objectifs sont alors fixés. Ceux-là seront de plus en plus impliquants pour les deux membres du couple et répondront plus immédiatement au problème qui motive leur demande de thérapie. Tout au long de ce processus, qui est en fait un processus d'apprentissage, aucun des deux ne doit avoir le sentiment de perdre la face. Chacun doit être persuadé que l'autre s'engage autant que lui et en même temps que lui. Il faut donc veiller à une stricte réciprocité entre les deux protagonistes. L'échange doit donc être tout autant équitable que concomitant.

Savoir qualifier l'autre

Les problèmes de couples se résument fréquemment soit à un manque de confiance envers l'autre soit à une absence de reconnaissance mutuelle. L'un et l'autre de ces éléments, qui ne sont ici dissociés que de façon artificielle, sont indispensables pour permettre au couple de survivre aux crises qui sont inévitables et même souhaitables.

La confiance se joue dans le crédit, accordé à l'autre, quant à sa sincérité et à son honnêteté aussi bien sur les moyens qu'il déploie pour maintenir la qualité de la relation que sur les buts qu'il fixe à la vie de son couple. Cette confiance, accordée ou refusée, est tout autant une arme qu'un liant. C'est un sentiment, donc une donnée subjective qui se construit essentiellement dans l'intuition et dans une certaine passivité. Elle paraît alors spontanée, et c'est là qu'elle risque de devenir une arme sous la forme du message suivant : « Spontanément, je n'arrive pas à te faire confiance... »

En fait, comme tout ce qui concerne les relations, cette confiance ne peut se définir uniquement dans la passivité et la spontanéité, elle se construit activement chaque jour. Elle est un sentiment qui a besoin d'être recherché pour être trouvé. Le premier doit savoir souhaiter la confiance pour mieux être en mesure de qualifier le second. Ce dernier va pouvoir dès lors plus facilement « gagner » cette confiance en répondant donc à l'attente du premier. C'est en ce sens qu'il s'agit d'une construction et même d'une construction mutuelle, elle est le résultat d'un échange constant.

Nous retrouvons toute la dimension paradoxale des relations conjugales, telle que j'ai déjà eu l'occasion de la décrire. Ici encore, comme pour tout ce qui concerne le changement, il est facile de l'attendre chez l'autre pour éventuellement l'accuser de ne rien faire. Il ne faut donc pas oublier qu'on ne reçoit que si on est capable d'attendre et de recevoir. La confiance non seulement se gagne, mais elle se mérite également.

La reconnaissance reçue donne le sentiment d'exister dans le regard de l'autre. Elle constitue un mode d'échange très important mais également soumis, en quelque sorte, aux lois implacables de l'offre et de la demande. En effet, on ne donne de la reconnaissance qui si on en reçoit et on en reçoit que si on en donne. Le problème est que chacun a besoin de ses propres modes de reconnaissance qui peuvent être très différents de ceux de l'autre.

Ces modes de reconnaissance sont eux-mêmes très variés, ils dépendent de l'histoire de chacun et des valeurs qui ont été investies de manière plus ou moins immédiate. Pour tout membre d'un couple cette reconnaissance peut passer par la sexualité, l'importance du temps partagé ou le partage possible des doutes et des souffrances. Ce sont là les grands classiques du genre. Il est d'autres modes de reconnaissance qui sont bien plus anodins et, souvent, tout à fait spécifiques à chaque individu. Ainsi, par exemple, une femme accordera beaucoup d'importance au fait d'être appelée chaque jour à son travail par son mari alors qu'une autre trouverait ce geste totalement intrusif.

Nous sommes capables d'identifier très rapidement chez l'autre, dès les premiers moments de chaque rencontre, les modes de reconnaissance qu'il est en mesure de nous donner. Nous devrions également être capables d'identifier chez lui les modes de reconnaissance dont il a besoin, ce qui est un « réflexe » qui semble beaucoup moins rapide. Bien évidemment, il est toujours plus facile pour chacun de revendiquer des droits que des devoirs et cette logique de la reconnaissance n'échappe pas à cette règle, sauf à un moment privilégié qui est la séduction.

La séduction est le moment de qualification le plus actif dans l'histoire de chaque couple. Cette séduction se construit sur le besoin de donner de la reconnaissance. C'est un moment de déséquilibre apparent entre ce qui est donné, qui se doit d'être massif, et ce qui est reçu, qui peut être modeste. Il s'agit là d'un ensemble de conventions sociales que chacun est plus ou moins capable de mettre en scène. Dans les meilleurs des cas, cette période de séduction se prolonge tout au long de l'histoire du lien conjugal.

Un couple, aussi bien pour ce qui concerne la confiance que la reconnaissance, est donc un lieu de qualification mutuelle. Ce terme froid et technique, à connotation professionnelle, recouvre en fait toutes les attentions du quotidien, tout ce qui ressemble de près ou de loin à une présence à l'autre. La qualification mutuelle évite que la relation n'aboutisse à une accumulation de ressentiments et de violence contenue. Toutes choses que le thérapeute ne manque pas de rencontrer souvent dans sa pratique.

S'échapper des modèles hérités des familles d'origine

Comme j'ai déjà eu l'occasion de le mentionner, nous héritons tous de nos parents des modèles et des représentations qui nous servent de guides « secrets » et cachés dans la construction de notre propre réalité. Ces modèles influent donc sensiblement nos choix de vie. Ils peuvent concerner toutes les dimensions de notre vie relationnelle. Tout ce qui se joue dans le couple et dans la famille est particulièrement sensible à ces influences qui traversent les générations pour se reproduire, en plein ou en creux, sans que nous en ayons toujours clairement conscience.

Le plein étant ici la reconduction immédiate du même modèle, le creux correspondant à la réaction qui consiste à vouloir surtout faire absolument l'inverse de ce qu'ont fait les parents eux-mêmes. Le résultat est cependant identique, dans la puissance d'un mécanisme de dépendance vis-à-vis des images et des représentations parentales. Faire « comme » ou faire « contre » revient au même, c'est toujours faire par rapport à l'autre.

Il est souvent nécessaire, dans le travail avec un couple, de « remonter à l'étage supérieur » pour mieux appréhender les croyances et les déterminismes qui conditionnent les choix de chacun. De nombreux modèles permettent de comprendre cette dynamique. Prenons l'un d'entre eux. Une des manières d'aborder un problème de couple consiste, par exemple, à faire l'hypothèse que chacun dans le couple tente de résoudre avec l'autre ce qu'il n'a pas pu résoudre avec un de ses deux parents ou ses deux parents :

> Elle a 52 ans et lui 50, il s'agit de Sophie et de Christophe. Cette femme est cadre dans une banque, sans donner le sentiment de s'acharner au travail. Son mari est un médecin hospitalier qui développe, à l'évidence, une activité professionnelle très intense. Ils ont trois enfants, l'aînée a 25 ans, le cadet 24 et le benjamin 18.
>
> Ce couple n'a jamais très bien marché. Depuis six mois c'est la crise ouverte, car Sophie est intimement

persuadée que son mari a une maîtresse. Elle en veut pour preuve des indices qu'elle a patiemment récoltés et qui vont de trous inexpliqués dans son emploi du temps à des ragots généreusement colportés dans son hôpital en passant par des bizarreries financières sur ses relevés de carte bancaire. Bien évidemment, il le nie farouchement, avec tous les accents de la sincérité.

Ils se sont « séparés » à plusieurs reprises, Christophe a ainsi quitté le domicile conjugal pour une ou deux semaines. Chaque fois, ils sont tombés d'accord sur le fait qu'il valait mieux qu'il revienne pour ne pas trop perturber le benjamin qui prépare son baccalauréat. Peu de temps avant que cette crise n'éclate, Christophe a eu une petite alerte cardiaque qui a été mise sur le compte de son surmenage. Depuis, il n'a rien changé à son mode de vie.

Sophie est visiblement une « forte femme », elle dirige toute sa maisonnée d'une main de fer. Ce qui la caractérise c'est qu'elle cherche constamment la confrontation et entre facilement en conflit avec les personnes de son entourage. À l'inverse d'elle, Christophe apparaît comme un homme très doux, adepte du compromis, apprécié dans son travail pour ses qualités humaines. Ils s'opposent donc dans leur manière d'être avec leurs semblables tout en se disant très complémentaires l'un par rapport à l'autre.

Cette situation donne rapidement le sentiment d'être constituée par une mère entourée de ses... quatre enfants, trois officiels et un clandestin. En allant plus loin, l'analyse de l'histoire de leurs familles d'origine apporte un éclairage tout à fait intéressant.

Cet homme est le troisième d'une fratrie de cinq enfants. Il est l'aîné des garçons et a un petit frère de dix ans plus jeune que lui. Christophe se dit lui-même le préféré de sa mère dont il est resté très proche. Il la voit deux ou trois fois par semaine et déjeune avec elle, il a perdu son père alors qu'il avait 18 ans. Cette mère ne manque pas d'intervenir dans son couple[1], notamment à propos de l'éducation des enfants, et a toujours marqué une franche hostilité envers ses deux belles-filles et donc envers l'épouse de Christophe qu'elle ne voit plus depuis cinq ans.

Sophie est l'aînée de quatre filles. Son père est tombé gravement malade alors qu'elle avait 15 ans. Elle s'en est beaucoup occupée jusqu'à ce qu'il meure deux ans plus tard, à l'âge de 52 ans. Sa mère lui a clairement donné un rôle paternel envers ses trois sœurs dont la plus jeune a douze ans de moins qu'elle. Elle aurait voulu faire des études de médecine, mais les ressources de la famille, sensiblement réduites par la mort du père, l'en ont empêchée très rapidement.

D'un côté un homme qui voit facilement en toute femme une possible mère, c'est ce qu'il a pris l'habitude de penser dans sa famille ; de l'autre côté une femme qui a idéalisé son père tout en ayant appris à considérer que tous les hommes sont fragiles. Il sait être un enfant pour une femme, elle sait être une mère pour un homme. De ces points de vue, ils se sont bien choisis. Bien évidemment, tout cela est soigneusement caché sous de bonnes intentions et de solides habitudes :

THÉRAPEUTE : Madame, comment voyez-vous la relation entre votre mari et sa mère ?
SOPHIE : Elle en fait ce qu'elle veut, c'est encore elle qui lui achète ses chemises... Je n'ai pas grand-chose à dire dans cette histoire, ça a toujours été comme ça...
T : Une concurrente en quelque sorte ?!
S : Exactement !
T : Et vous, monsieur ? Comment voyez-vous la relation entre votre femme et son père ?

---

1. Selon certains avocats italiens, 40 % des divorces sont dus à l'interventionnisme des belles-mères qui rejettent, plus ou moins ouvertement, leurs belles-filles.

Christophe : Elle ne l'a pas beaucoup connu et...
S : Mais si, je l'ai très bien connu. Je ne vois pas pourquoi tu dis cela ?!
C : Bon d'accord, ce que je veux dire c'est qu'elle l'a perdu très tôt. Je ne l'ai jamais rencontré. Elle m'en a toujours parlé comme étant quelqu'un de très bien, de très généreux et surtout de très sensible...
T : Difficile de le remplacer ?!
C : Comment ? Je ne comprends pas votre question ?! Remplacer qui ?
S : Oui, c'est vrai. Je n'ai jamais rencontré quelqu'un d'aussi bien que lui...

Tout est dit dans ces quelques moments de la discussion avec ce couple. Il est ainsi possible de comprendre pourquoi ils se sont choisis dans une complémentarité d'autant plus efficace qu'elle leur est inapparente. Cependant, cela ne suffit pas, il faut savoir aller plus loin encore et saisir les ressorts secrets qui leur ont permis de vivre et d'assumer les quelques positions suivantes :

• Ils sont restés ensemble pendant près de vingt-six ans, malgré une mésentente chronique, tout en construisant aussi bien leur vie familiale que leur trajectoire professionnelle.

• Une crise aussi grave éclate assez tardivement jusqu'à remettre en question la stabilité de ce couple, comme cela n'avait jamais été le cas jusque-là.

• Cette crise intervient à ce moment-là et pas à un autre. On peut alors se poser la question de savoir quelle est la part éventuelle du hasard dans cette succession d'événements ?

Pendant un quart de siècle l'un et l'autre ont pu rester fidèles à leurs modèles familiaux respectifs. Il a pu retrouver dans sa nouvelle famille le lien maternel qu'il a donc réussi à reconstituer avec sa propre femme. La rivalité entre ces deux femmes ne l'a pas beaucoup dérangé, tout à l'inverse cela lui a permis de « jouer sur les deux tableaux ». Elle a pu cultiver le mythe de son père en ne le mettant pas en rivalité avec un homme trop « compétent ». Elle lui est restée ainsi tout à fait fidèle. Sophie a pu devenir, comme elle l'a été pour ses propres sœurs, à la fois la mère et le père de ses enfants en y incluant, de surcroît, son propre mari. Un subtil équilibre s'est ainsi perpétué au cours des décennies, renforcé par des zones périphériques de conflits entre les deux familles.

À un niveau beaucoup plus caché encore, ce qui a permis à cet équilibre de se maintenir, c'est le fait que chacun pouvait faire payer à l'autre, dans le couple, ce qu'il n'a pas pu faire payer à l'un de ses deux parents. Plus précisément, Christophe a pu faire payer à sa femme les intrusions de sa mère. C'est la raison pour laquelle il la trompe éventuellement, il est également probable qu'il lui cache des choses plus ou moins importantes, par exemple sur des questions financières. Il se venge sur sa femme pour ne pas avoir pu, ou voulu, le faire sur sa mère. Le lien biologique avec cette dernière est ici, comme souvent, bien plus respectable que le lien contractuel avec une épouse.

Sophie a pu faire payer à son mari la colère de voir son père ainsi défaillir, ce qu'elle n'a jamais pu, par définition, directement montrer à l'intéressé. Même en y trouvant un nouveau pouvoir dans sa famille, aucun enfant ne peut accepter de voir un père ou une mère disparaître dans ces conditions. Une sourde colère ne manque pas de s'accumuler dans une telle situation. Se venger sur son mari, c'était également pour elle un moyen de rester fidèle à l'homme qu'elle a perdu au milieu de son adolescence.

C'est donc, de façon paradoxale et des deux côtés, la colère impossible à montrer envers des parents qui a permis à ce couple de maintenir l'intimité de ses liens. Quant à la question de savoir pourquoi cet équilibre se trouve lui-même remis en question après vingt-six ans de mariage, plusieurs hypothèses peuvent être posées et plusieurs réponses données.

La plus évidente concerne le départ des enfants. Ces deux adultes se sont essentiellement déterminés l'un par rapport à l'autre en tant que parents bien plus qu'en tant que membres d'un même couple. Avec l'éloignement des enfants, l'imminence d'une confrontation directe les oblige, pour le moins, à remettre en question les termes du contrat initial. Voilà un point qui concerne surtout Sophie car elle est bien plus mère que son mari n'est père. Ce dernier a toujours été le grand frère de ses enfants et il peut le rester encore longtemps, même au-delà de leur départ. Ayant lui-même perdu son père assez jeune, il ne sait pas bien comment remplir ce rôle.

Pour Christophe, le fait de plus en plus évident que sa mère n'est pas éternelle s'impose à son esprit. Il s'est longtemps satisfait de la rivalité entre ces deux femmes, et la perspective de ne plus pouvoir ainsi les manipuler lui pose un sérieux problème. Éventuellement opposer une femme et une maîtresse, contrairement aux apparences, n'a pas vraiment le même charme pour lui. Il s'est longtemps satisfait d'une rivalité beaucoup plus « intéressante » et il voit d'un mauvais œil s'approcher la fin de cette période.

À un niveau probablement plus inconscient, le fait que son mari commence à avoir des problèmes de santé au même âge que son père résonne d'une étrange façon pour Sophie. Elle doit éprouver des sentiments très ambigus face à cette situation. D'un côté cela peut lui permettre de réactiver son rôle de mère vis-à-vis de son mari. Elle peut cependant craindre, assez rapidement, une échéance fatale comme cela a donc été le cas pour son père. D'un autre côté, elle peut légitimement souhaiter un autre type de relation avec son mari. D'ailleurs, elle supporte beaucoup moins bien que lui la situation actuelle et semble bien plus proche que son mari d'un désir de séparation.

Comme ce dernier ne semble pas accepter de changer son mode de vie après son accident cardiaque, elle peut avoir le sentiment de se retrouver, encore une fois, devant un adulte qui ne joue pas le jeu de la maturité et refuse encore de se responsabiliser. Christophe se contenterait d'un statu quo. Il ne s'opposerait pas au fait de voir son plus jeune fils rester encore longtemps dépendant de la maison et de ses avantages. Sa femme continuerait ainsi à être occupée par son rôle de mère.

Pour Sophie et Christophe, les liens plus ou moins secrets qui les relient à leurs histoires familiales déterminent, au-delà des années, le devenir de leur couple. Avant de redéfinir leurs relations, ils ont eu besoin de tous ces éclairages pour repartir sur d'autres bases. Ils en étaient restés, sans le vouloir et sans le savoir, sur une logique de règlements de comptes qui, d'une certaine façon, les dépassait tous les deux. Énoncer et démontrer l'hypothèse que leur couple leur servait essentiellement à poursuivre un lien impossible avec un père ou une mère a été la première étape de cette psychothérapie.

Des rôles instables

Dans le couple, comme nous l'avons vu à propos des trois types de relations de souffrance, lorsqu'une seule définition s'impose, celle-ci appauvrit et paralyse la relation. Par définition, un couple qui va mal est un couple figé. Nous avons vu, grâce aux métaphores de Superbog et de la Vierge Marie, une autre illustration de ce même mécanisme. Ce qui importe ici c'est la souplesse et la variété des rôles que chacun peut jouer pour l'autre.

Il est possible ainsi de définir quatre types de relations dans le couple. Ces types de relations correspondent eux-mêmes aux différentes relations que nous avons tous à connaître dans une famille, aussi bien en tant que parent qu'en tant qu'enfant. De ce point de vue, le couple est un résumé des différents types de relation que nous sommes capables de vivre sous un même toit et sous la pression d'un même contrat.

• Les liens père-fille et mère-fils

Il s'agit ici de liens de protection qui évoquent ceux que chacun a pu connaître avec ses parents. Il est normal dans le couple, à un moment ou à un autre, d'avoir à recevoir de l'attention et de la présence de la part de l'autre. Cette protection, qui a donc pour principales qualités d'être disponible et temporaire, permet de mieux affronter certaines difficultés ou certains deuils, au sens large du terme. Elle devient problématique lorsqu'elle tend à s'imposer dans le couple.

• Les liens frère-sœur

Comme dans une fratrie, le couple peut apporter des liens de connivence. La connivence apporte la fluidité au quotidien, elle facilite le partage de certaines activités et de certains autres liens comme, par exemple, l'amitié. Ainsi, tout ce qui est acquis dans le couple n'a pas besoin d'être constamment renégocié et réévalué. La connivence est le résultat de l'expérience et du temps. Elle peut cependant être très immédiate dans le couple, notamment dans le partage d'une même souffrance, jusqu'à constituer un élément de séduction. Ces liens de connivence, lorsqu'ils s'imposent, peuvent avoir comme inconvénient de totalement désexualiser la relation conjugale.

• Les liens amant-maîtresse

Bien évidemment, le couple est d'abord et avant tout synonyme de sexualité. Nous sommes là dans l'intimité la plus intense qui puisse exister entre deux êtres humains. Ce type de lien s'impose généralement aux tout premiers moments du couple. La continuité de ce lien demande de constants efforts et une volonté de réussite partagée car la sexualité, comme nous l'avons vu, est très fragile. Redevenir amant et maîtresse est souvent évoqué comme étant le but ultime de la thérapie. Ce lien correspond à un âge d'or qu'il s'agirait de retrouver et de revivre. Certains y parviennent « spontanément », il est alors rare de les voir fréquenter le cabinet d'un thérapeute.

Il s'agit donc, successivement, de pouvoir être tout cela. Selon les moments et les besoins, chacun doit pouvoir jouer pour l'autre un rôle différent et nouveau. Ce n'est donc que dans la mesure où l'instabilité s'installe, et se réinstalle, dans les liens de couple que l'inventivité reprend ses droits en permettant la variété et la surprise.

Un nouveau contrat

Une thérapie de couple peut donc en arriver, d'un commun accord, à permettre à l'un comme à l'autre de redéfinir ce que sont leurs relations. Pour cela, il faut un contrat, c'est-à-dire un cadre. Un cadre qui ne soit pas uniquement contraignant et qui n'énonce qu'un ensemble de règles. Plutôt un accord sur quelques objectifs et les moyens à mettre en œuvre pour tenter de les remplir. Quelque chose qui ressemble, en quelque sorte, à un remariage.

Ces objectifs n'ont, bien évidemment, rien à voir avec ceux qu'un « jeune couple » peut se donner. Ceux-là sont très faciles à définir. Dans la grande majorité des cas, ils anticipent et suivent le cheminement de la vie autour d'un lieu pour vivre avec des enfants en s'insérant socialement. La majorité des couples en crise ont rempli et dépassé ces objectifs, ils sont dans l'obligation d'en inventer d'autres. Il est probable que de nouvelles formes de vie conjugale vont être définies pour répondre à la fois aux défis que pose l'augmentation de l'espérance de vie et aux mutations sociales et culturelles qui déterminent les rôles de la femme et de l'homme dans la société.

Conclusion

Au terme de ce périple entre l'homme et la femme, entre Superbog et la Vierge Marie, nous en serions donc revenus aux temps anciens, plus que préhistoriques, où l'un et l'autre n'éprouvent plus le besoin de sceller, d'une manière ou d'une autre, ce qui ressemble à une union définitive et surtout éternelle.

De nouveau, ils se séparent pour dissocier leur histoire commune, même autour de leur propre reproduction. Car ce besoin de reproduction n'a plus la force de cohésion que cette fonction a longtemps apportée dans le lien conjugal. Ils n'ont plus besoin du couple, au sens classique du terme. Celui-ci serait devenu inutile puisque la nécessité de la stabilité du lien est elle-même dépassée par les progrès de la médecine et peut-être par ceux, plus cachés encore, de la culture. Tout se joue ici en termes de liberté et de contrainte. Les limites entre ces deux sentiments sont en train de se modifier sensiblement. Pour certains un rêve qui se réalise enfin, pour d'autres un cauchemar qui se dessine à l'horizon.

Ce ne sont là, bien évidemment, que des images, des métaphores. Mais elles cachent, ou révèlent selon le point de vue, le besoin et l'émergence de nouveaux types de contrats entre l'homme et la femme. Des contrats nouveaux, et peut-être révolutionnaires, qui sont probablement sur le point d'être rédigés par les intéressés ou par ceux qui s'intéressent, d'une façon ou d'une autre, à ce sujet et aux enjeux qu'il sous-tend.

Par exemple, il n'est pas tout à fait déraisonnable de faire l'hypothèse que des liens conjugaux à durée déterminée vont, un jour ou l'autre, être proposés à ceux qui le souhaiteraient. Ainsi, pour vingt ou trente ans — ce qui peut paraître déjà beaucoup pour certains — le couple s'engagerait pour un MDD (mariage à durée déterminée) qui pourrait ensuite ouvrir sur un MDI (mariage à durée indéterminée). Les candidats intéressés y verraient un compromis pertinent entre plusieurs facteurs.

Il pourrait leur sembler irrationnel de s'engager avec la même personne pour quarante ou cinquante ans. Lorsque entre un tiers et la moitié des mariages se terminent par un divorce, la lucidité d'un lien moins ambitieux pourrait les séduire. Enfin, il est possible d'imaginer que leurs enfants puissent devenir raisonnablement autonomes autour de l'âge de vingt ans. Cette forme de conjugalité ne se jouerait donc qu'autour des enfants. Elle se résumerait, en quelque sorte, à une parentalité responsable et prédéfinie. Ils auraient surtout le sentiment d'être un peu plus responsabilisés, même par l'Église et par l'État.

Dans notre société, tout ce qui concerne le couple est devenu tellement important et tellement médiatisé que les préoccupations qui le concernent paraissent être le point de départ et le centre de toutes les évolutions de cette même société. Tout au contraire, il me semble que nous sommes davantage dans les conséquences que dans les causes. Peut-être que les effets écologiques — au sens général de modification de contexte — les plus intimes de notre mode de vie sont d'abord relationnels et non pas « seulement » biologiques ou physiologiques. Il s'agirait de s'inquiéter d'une nouvelle forme de pollution, la pollution relationnelle.

Nous sommes soumis à deux puissances. D'abord la puissance financière, qui se cache habilement sous le processus-prétexte de mondialisation. Ensuite la puissance technologique, qui tente constamment de prendre les habits du progrès, ce qui est beaucoup plus difficile pour elle depuis la découverte de l'atome. Ces deux puissances nous amènent probablement à accepter des évolutions fondamentales dans notre manière de vivre nos liens avec les autres et surtout ceux qui sont les plus proches de nous, c'est-à-dire dans le couple et dans la famille.

Il est difficile d'identifier ces changements car ils s'installent « encore » — pour combien de temps ? — à une échelle générationnelle. Ils ne paraissent pas imposés mais semblent choisis, ils ne sont pas organisés par un quelconque pouvoir mais sont le résultat de logiques qui ne sont pas centralisées et qui — comme il convient de les présenter — nous dépassent tous. Ces changements s'insinuent dans notre existence, chez nos proches et dans notre voisinage, perdus dans l'anonymat des villes, merveilleusement propice aux expériences existentielles.

Ces évolutions semblent être surtout dénoncées par les femmes, au moins dans le cabinet du thérapeute. Ces femmes sont motivées, peut-être grâce à la sensibilité et à l'élan que leur ont donnés les mouvements féministes, même considérablement atténués de ce côté de l'Atlantique. Elles donnent le sentiment d'être alertées, au plus profond d'elles-mêmes, par des bouleversements relationnels face auxquels leur attitude marque une certaine ambiguïté. En même temps qu'elles sont soucieuses pour leurs enfants, elles ont le sentiment de (re)trouver auprès d'eux un pouvoir qui les fascine.

Ces femmes se plaignent des hommes, j'en ai donné plusieurs exemples. Elles paraissent être les victimes de la gent masculine. Mais elles ont probablement besoin de se rendre compte qu'elles participent en fait autant que leurs compagnons à ces changements qui, bien évidemment, les concernent tous et toutes. C'est ce qui fait qu'à une très modeste échelle le travail du thérapeute de couple consiste surtout à les impliquer en tant qu'actrices dans leur propre couple. Il refuse ainsi de jouer, comme elles l'y invitent, un rôle de juge, voire de procureur.

Les hommes sont tout autant difficiles à « mobiliser », mais pour d'autres raisons qui ont à voir avec leurs craintes et même leur peur. Ils ont peur de changements qu'ils maîtrisent mal et qu'ils ont l'impression de subir. Ils ont alors tendance à les ignorer ou à en laisser la conduite à leurs compagnes ou au thérapeute lorsqu'ils le rencontrent. Tout ce qui n'est pas technique leur paraît facilement inabordable. Les sciences humaines ont énormément de retard à rattraper par rapport aux sciences dites « dures ». Ce retard est considérable aussi bien sur les moyens dont elles devraient disposer que sur le pouvoir qu'elles devraient exercer sur des processus de décision.

Il n'en reste pas moins que la seule certitude qu'on peut avoir face à ces changements, c'est que rien ne sera plus comme avant. Des changements ne peuvent être refusés, il faut savoir les utiliser. C'est là tout l'enjeu des prochaines années et des prochaines décennies. Que ce soit dans notre contexte socioculturel ou dans la remise en question de notions aussi fondamentales que l'identité physique et psychique, ces changements présents ou à venir sont impressionnants. Cela suppose qu'il faut savoir prendre ne serait-ce qu'un peu de recul pour les évaluer.

Bibliographie

Ariès (P.), Béjin (A.), (sous la direction de), « Sexualités occidentales », *Communications,* n° 35, Paris, Le Seuil, 1982

Ariès (P.), Duby (G.), (sous la direction de), *Histoire de la vie privée,* Paris, Le Seuil, 1985

Badinter (E.), *L'Amour en plus : histoire de l'amour maternel,* Paris, LGF, 1991

X/Y, De l'identité masculine, Paris, Odile Jacob, 1992

Bechtel (G.), *Les Quatre Femmes de Dieu,* Paris, Plon, 2000

Bologne (J.-C.), *Histoire du mariage en Occident,* Paris, Hachette pluriel, 1997

Breton (P.), *L'Utopie de la communication,* Paris, La découverte, 1992

Burguière (A.), Klapish-Zuber (C.), Segalen (M.), Zonabend (F.), *Histoire de la famille,* tomes I et II, Paris, Armand Colin, 1986

Castel (E.), *L'Éternité au féminin. La femme dans les religions,* Paris, Assas Éditions, 1996

Cai Hua, *Une société sans père ni mari, les Na de Chine,* Paris, PUF, 1997

Changeux (J.-P.), *L'Homme neuronal,* Paris, Odile Jacob, 1983

Changeux (J.-P.), Ricœur (P.), *La Nature et la Règle,* Paris, Odile Jacob, 1999

Clément (C.), Kristeva (J.), *Le Féminin et le Sacré,* Paris, Stock, 1998

Cohen (D.), *Richesse du monde, pauvreté des nations,* Paris, Flammarion, 1997

Decroux-Masson (A.), *Papa lit, Maman coud,* Paris, Denoël-Gonthier, 1979

Delumeau (J.), *Le Péché et la peur, La culpabilisation en Occident, XIIIe-XVIIIe siècle*, Paris, Fayard, 1983
Dhavernas (O.), *Droits des femmes, pouvoir des hommes,* Paris, Le Seuil, 1978
Duby (G.), Perrot (M.), (sous la direction de), *Histoire des femmes en Occident,* Paris, Plon, 1991
Dupuis (J.), *Au nom du père, une histoire de la paternité,* Paris, Le Rocher, 1987
Elias (N.), *La Civilisation des mœurs,* Paris, LGF, 1977
La Société des individus, Paris, Fayard, 1991
Ellul (J.), *L'Empire du non-sens,* Paris, PUF, 1980
Erhenberg (A.), *Le Culte de la performance,* Paris, Calmann-Lévy, 1991
La Fatigue d'être soi, dépression et société, Paris, Odile Jacob, 1998
Ferry (L.), *Le Nouvel Ordre écologique,* Paris, Grasset, 1992
Flandrin (J.-L.), *L'Église et le contrôle des naissances,* Paris, Flammarion, 1970
Le Sexe et l'Occident. Évolution des attitudes et des comportements, Paris, Le Seuil, 1981
Un temps pour embrasser. Aux origines de la morale sexuelle occidentale, Paris, Le Seuil, 1983
Gates (B.), *La Route du futur,* Paris, Robert Laffont, 1995
Girard (A.), *Le Choix du conjoint,* Paris, PUF, 1974
Des choses cachées depuis la fondation du monde, Paris, Grasset, 1978
La Route antique des hommes pervers, Paris, Grasset, 1985
Le Bouc émissaire, Paris, Grasset, 1982
Je vois Satan tomber comme l'éclair, Paris, Grasset, 1999
Gontier (F.), *La Femme et le couple dans le roman, 1919-1930,* Paris, Klincksieck, 1976
Goody (J.), *L'Évolution de la famille et du mariage en Europe,* Paris, A. Colin, 1985
Gourevitch (A.-J.), *La Naissance de l'individu dans l'Europe médiévale,* Paris, Le Seuil, 1997
Groult (B.), *Ainsi soit-elle,* Paris, Grasset, 1975
Cette mâle assurance, Paris, Albin Michel, 1993
Guerdan (R.), *La Femme et l'amour en France à travers les âges,* Paris, Plon, 1965
Guillebaud (J.C.), *La Trahison des Lumières,* Paris, Le Seuil, 1995
La Tyrannie du plaisir, Paris, Le Seuil, 1998

La Refondation du monde, Paris, Le Seuil, 1999
Gullestad (M.), Segalen (M.) (sous la direction de...), *La Famille en Europe,* Paris, La Découverte, 1995
Héritier (F.), *Masculin-Féminin,* Paris, Odile Jacob, 1996
Hicks (R.), *The Masculine Journey,* Colorado Springs, NavPress, 1993
Humeau (C.), *Procréer, histoire et représentations,* Paris, Odile Jacob, 1999
Jonas (H.), *Le Principe de responsabilité, Une éthique pour la civilisation technologique,* Paris, Le Cerf, 1990
Kaufmann (J.-C.), *La Trame conjugale, analyse du couple par son linge,* Paris, Nathan, 1992
Le Doeuff (M.), *Le Sexe du savoir,* Paris, Aubier, 1998
Lesacher (A.F.), *Fêtes et traditions de France,* Rennes, Ouest-France, 1999
Levy (P.), *La Cyberculture,* Paris, Odile Jacob, 1997
Lenoir (F.), Masquelier (Y. T.), *Encyclopédie des religions,* Paris, Bayard Éditions, 1997
L'Hermite-Leclercq (P.), *L'Église et les femmes dans l'Occident chrétien, des origines à la fin du Moyen Âge,* Paris, Brépols, 1998
Makarian (C.), *Marie,* Paris, Le Livre de poche, 1997
Malarewicz (J.-A.), *Guide du voyageur perdu dans le dédale des relations humaines,* Paris, ESF, 1990
« L'Enfant dans sa famille », *in Médecine et Enfance,* vol. 14, n° 19, décembre 1994
« Les symptômes de la séparation », *in Médecine et Enfance,* vol. 15, n° 2, janvier 1995
« Les enfants qui maturent prématurément », *in Médecine et Enfance,* vol. 15, n° 8, avril 1995
« L'enfant et les secrets », *in Médecine et Enfance,* vol. 16, n° 3-4-5-6, février, mars 1996
La Supervision en thérapie systémique, Paris, ESF, 1999
Le Couple, quatorze définitions décourageantes donc très utiles, Paris, Robert Laffont, 1999
Systémique et entreprise, Paris, Éditions Village mondial, 2000
Mead (M.), *Le Fossé des générations,* Paris, Denoël-Gonthier, 1979
Millett (K.), *La Politique du mâle,* Paris, Stock, 1971
Mordillat (G.), Prieur (J.), *Jésus contre Jésus,* Paris, Le Seuil, 1999
Passet (R.), *Une économie de rêve,* Paris, Calmann-Lévy, 1995
Quéré (F.), *Évangiles apocryphes,* Paris, Le Seuil, 1983
Rabelais (F.), *Œuvres complètes,* L'Intégrale, Paris, Le Seuil, 1973

Ramonet (I.), *La Tyrannie de la communication*, Paris, Galilée, 1999

Reynaud (M.), Malarewicz (J.A.), *La Souffrance de l'homme*, Paris, Albin Michel, 1996

Roussel (L.), *Le Mariage dans la société française*, Paris, PUF, 1975

La Famille incertaine, Paris, Odile Jacob, 1989

Ruyer (R.), *L'Utopie et les Utopies*, Paris, PUF, 1950

Sarde (M.), *Regard sur les Françaises*, « Points », Paris, Le Seuil, 1985

Sfez (L.), *La Santé parfaite*, Paris, Le Seuil, 1995

Shorter (E.), *Naissance de la famille moderne*, « Points », Paris, Le Seuil, 1981

Sollers (P.), *Casanova l'admirable*, Paris, Plon, 1998

Steinberg (L.), *La Sexualité du Christ dans l'art de la Renaissance et son refoulement moderne*, Paris, Gallimard, 1987

Taylor (C.), *Les Sources du Moi. La formation de l'identité moderne*, Paris, Le Seuil, 1998

Virilio (P.), *Cybermonde, la politique du pire*, Paris, Textuel, 1996

Warner (M.), *Seule entre toutes les femmes. Mythe et culte de la Vierge Marie*, Marseille, Rivages, 1989

Weininger (O.), *Sexe et caractère*, Lausanne, L'Âge d'homme, 1975

Zapperi (R.), *L'Homme enceint*, Paris, PUF, 1983

Table

Photocomposition : Nord Compo
59653 Villeneuve d'Ascq

Impression réalisée sur CAMERON par

BUSSIÈRE CAMEDAN IMPRIMERIES

GROUPE CPI

à Saint-Amand-Montrond (Cher)
pour le compte des Éditions Robert Laffont
en janvier 2001

N° d'édition : 41297. — N° d'impression : 010099/4.
Dépôt légal : janvier 2001.

Imprimé en France